湖北文理学院2019年度学科开放基金项目“农业高质量发展研究”
（项目编号：XK2019048）资助
湖北文理学院工商管理学科2019年度开放式项目资助

农业高质量发展研究

张文洲◎著

RESEARCH ON THE DEVELOPMENT OF HIGH-QUALITY AGRICULTURE IN CHINA

经济管理出版社
ECONOMY & MANAGEMENT PUBLISHING HOUSE

图书在版编目（CIP）数据

农业高质量发展研究/张文洲著．—北京：经济管理出版社，2020.9

ISBN 978-7-5096-7534-2

Ⅰ.①农…　Ⅱ.①张…　Ⅲ.①现代农业—农业发展—研究—中国　Ⅳ.①F323

中国版本图书馆 CIP 数据核字（2020）第 164615 号

组稿编辑：郭丽娟

责任编辑：郭丽娟　乔倩颖

责任印制：黄章平

责任校对：董杉珊

出版发行：经济管理出版社

（北京市海淀区北蜂窝 8 号中雅大厦 A 座 11 层　100038）

网　　址：www.E-mp.com.cn

电　　话：（010）51915602

印　　刷：北京玺诚印务有限公司

经　　销：新华书店

开　　本：720mm×1000mm/16

印　　张：11.25

字　　数：172 千字

版　　次：2020 年 10 月第 1 版　　2020 年 10 月第 1 次印刷

书　　号：ISBN 978-7-5096-7534-2

定　　价：58.00 元

前　言

质量发展是兴国之道、强国之策。推进农业高质量发展，一方面是我国农业发展具备了由增产导向转向提质导向所需的物质基础和社会条件，另一方面也是为了缓解农业资源环境压力、满足人民群众不断升级的消费需求、应对激烈的国际竞争的形势。

党中央、国务院高度重视质量发展工作，习近平总书记在许多重要会议上多次作出重要指示和部署，对质量兴农提出了明确的要求。党的十九大报告中习近平总书记指出，我国经济已由高速增长阶段转向高质量发展阶段，必须坚持质量第一、效益优先，以供给侧结构性改革为主线，推动经济发展质量变革、效率变革、动力变革，提高全要素生产率。这一重要论断，明确了我国经济发展的阶段特征、方向路径和主要任务。在2017年中央经济工作会议上习近平总书记强调，推动高质量发展，是我们当前和今后一个时期确定发展思路、制定经济政策、实施宏观调控的根本要求；要推进农业供给侧结构性改革，坚持质量兴农、绿色兴农，农业政策从增产导向转向提质导向，深刻指出了推进农业高质量发展的重要意义，指明了农业农村经济发展的努力方向。

如何推进农业高质量发展？农业农村部农村经济研究中心主任宋洪远指出了推进农业高质量发展的基本思路和总体要求：要坚持“三个兴农”，构建“三个体系”，提高“三个力”，促进“两个转变”。坚持“三个兴农”，就是坚持质量兴农、绿色兴农、品牌兴农；构建“三个体系”，就是构建产业体系、生产体系、经营体系；提高“三个力”，就是提高农业创新力、竞争力、生产力；促进“两个转变”，就是促进农业由增产导向向提质导向转变，由农业大国向农业强国转变。必须牢牢把握高质量发展的要求，坚持以农业供给侧结构性改革为主线，坚持质量兴农、绿色兴农，深入推进结构调整，优化生产力布局，突出农业绿色化、优质化、特色化、品牌化，不断提升我国农业综合效益和竞争力。

本书以我国农业高质量发展为研究主题，力求突破单一学科研究的限制，拓宽研究领域，分别通过对我国推进农业高质量发展的背景及意义、农业高质量发展的内涵及性质、农业高质量发展的三大体系、农业经营主体、产业结构升级、农村一二三产业融合、绿色农业和品牌农业的研究，揭示出农业高质量发展的内涵和一般发展规律及实现路径，最后提出推动我国农业高质量发展的对策与建议，期望能为相关的政府决策部门提供参考。

需要说明的是，农业高质量发展具有实践性、时代性、阶段性的鲜明特征，内涵丰富且广泛，在理论上和实践中都处于不断创新中，加之作者水平有限，书中难免有疏漏和不足之处，恳请各位专家和广大读者批评指正。

目　录

第一章　农业高质量发展的背景与意义 ······ 1

第一节　高质量发展的背景 ······ 1

第二节　农业高质量发展的研究意义与目的 ······ 3

第三节　本书的研究内容 ······ 5

第四节　本书的重难点及创新点 ······ 7

第二章　经济增长方式与经济发展理论 ······ 9

第一节　经济增长与经济发展理论 ······ 9

第二节　经济增长方式 ······ 11

第三节　关于高质量发展的研究 ······ 13

第四节　国内外研究述评 ······ 15

第三章　高质量发展的内涵、特征与体现 ······ 17

第一节　高质量发展的内涵 ······ 17

第二节　高质量发展的基本特征 ······ 19

第三节　高质量发展的具体体现 ······ 21

第四章　农业高质量发展与三大体系建设 ······ 24

第一节　现代农业“三大体系”建设背景 ······ 24

第二节　构建现代农业“三大体系”的重要意义 ······ 26

第三节　现代农业“三大体系”及其相互关系 …… 27
第四节　构建“三大体系”，推动农业高质量发展 …… 30

第五章　农业高质量发展与新型农业经营主体 …… 33
第一节　新型农业经营主体概念 …… 33
第二节　新型农业经营主体的定位 …… 35
第三节　农业经营主体的类型比较 …… 36
第四节　推动农业产业化联合体发展 …… 39
第五节　实现小农户和现代农业发展有机衔接 …… 41

第六章　农业高质量发展与新生代农民工返乡创业 …… 43
第一节　新时代农民工就业转型研究现状 …… 43
第二节　当前农民工面临的新形势 …… 46
第三节　农民工回流规模明显增加 …… 48
第四节　新生代农民工调研数据及分析 …… 49
第五节　促进新生代农民工返乡创业　推动农业高质量发展 …… 52

第七章　农业高质量发展与农业产业结构调整 …… 54
第一节　农业产业结构及阶段论 …… 55
第二节　农业产业结构调整主要动因分析 …… 56
第三节　我国农业结构调整的几个阶段 …… 57
第四节　当前农业产业结构存在的问题 …… 59
第五节　加快产业结构转型升级，促进农业高质量发展 …… 62

第八章　农业高质量发展与农村一二三产业融合 …… 64
第一节　农村一二三产业融合的内涵 …… 65
第二节　农村一二三产业融合的主要形态 …… 66
第三节　农村一二三产业融合的理论探讨 …… 69

第四节 农村一二三产业融合的典型模式 …… 70
第五节 推进三产融合，推动农业高质量发展 …… 72

第九章 农业高质量发展与农业绿色发展 …… 75
第一节 农业绿色发展是现代农业建设的重大使命 …… 75
第二节 农业绿色发展理念的内涵及特征 …… 76
第三节 农业绿色发展的重要意义 …… 77
第四节 农业绿色发展评价指标体系 …… 79
第五节 我国农业绿色发展现状 …… 80
第六节 推进农业绿色发展，推动农业高质量发展 …… 84

第十章 农业高质量发展与超循环经济 …… 87
第一节 超循环经济的内涵与特征分析 …… 87
第二节 超循环经济与农业生态化发展的关系 …… 89
第三节 高质量发展背景下我国农业生态化发展现状 …… 91
第四节 我国农业生态化发展存在的问题及原因 …… 92
第五节 基于超循环经济的我国农业生态化发展路径 …… 95

第十一章 农业高质量发展与品牌农业 …… 99
第一节 品牌农业发展战略的提出 …… 100
第二节 品牌农业的特征 …… 103
第三节 我国品牌农业面临的问题和制约因素 …… 104
第四节 发展品牌农业，推动农业高质量发展 …… 105

第十二章 农业高质量发展与科技创新 …… 108
第一节 创新与农业科技创新 …… 108
第二节 以科技创新提高农业发展质量 …… 109
第三节 农业企业创新过程、投入及风险 …… 110

第四节 农业科技创新能力评价指标体系……112
第五节 我国现代农业科技创新体系建设的现实困境……113
第六节 我国现代农业科技创新体系建设路径……115

第十三章 农业高质量发展的评价体系……117
第一节 地方政府的先试先行……117
第二节 学术界的讨论与成果……118
第三节 农业高质量发展评价体系研究……123
第四节 对农业高质量发展评价体系的思考……128

第十四章 农业高质量发展与农业竞争力
——以襄阳农业为例……132
第一节 农业竞争力及其评价体系……132
第二节 襄阳农业竞争力评价与分析……134
第三节 襄阳农业竞争力提升路径建议……139

第十五章 推进我国农业高质量发展的几点思考……143
第一节 推进农业高质量发展的总体要求……143
第二节 推进农业高质量发展需要注意的几个方面……144
第三节 推动农业高质量发展的思路……146

第十六章 农业高质量发展现状及对策
——以湖北为例……152
第一节 湖北农业高质量发展的总体评价……152
第二节 湖北农业高质量发展的约束性因素……154
第三节 湖北农业高质量发展的对策与建议……157

参考文献……161

第一章　农业高质量发展的背景与意义

第一节　高质量发展的背景

改革开放40多年以来我国取得了巨大的经济发展成果，成为世界第二大经济体。但经济高速增长模式存在诸多问题：发展质量和效益低下、生态破坏严重、创新能力不够、农业和制造业水平亟待提高等，使整个发展不平衡、不充分。现阶段合意的新常态主要表现为：从高速增长转向中高速乃至中速增长、从规模速度型粗放增长转向质量效益型集约增长。其中，对经济增长与发展模式转型的要求主要体现在三个方面：一是增长动力从“要素驱动”“投资驱动”转为“创新驱动”；二是经济增长结构从低端产业为主转为高附加值产业为主；三是经济发展质量从过度重视速度转为注重发展质量和效益。①

近年来，我国在经济发展的质量、效率、动力和可持续性上都发生了重大变化，初步具备迈向高质量发展的基础。如果将我国经济发展从高速增长转向中高速增长的过程分为上下两个半程，2017年以增速放缓作为主要特征的上半

---

① 柳卸林，高雨辰，丁雪辰．寻找创新驱动发展的新理论思维——基于新熊彼特增长理论的思考［J］．管理世界，2017（12）：8-19.

程已经告一段落，正在进入以提质增效作为主要任务的下半程[①]。改革开放40年多来，我国经济发展进入新时代，我国经济实力、科技实力、国防实力、综合国力进入世界前列，社会主要矛盾已经转化为人民日益增长的美好生活需要和不平衡、不充分的发展之间的矛盾。推动高质量发展已具备多方面有利条件：

一是经济结构发生重大变革。消费成为经济增长主要驱动力，供给结构也在不断调整优化。消费贡献率上升、服务业占比提高，增强了经济运行的稳定性，改善了高质量发展的基础条件。

二是中等收入群体不断扩大，推动国内市场成为全球最大的消费市场。2014年我国中等收入群体比重为33.2%，约4.54亿人，到2020年这一群体将达到6亿人[②]。消费结构向高端化、个性化、服务化转型升级，增强了高质量发展的市场驱动力。

三是供给侧结构性改革深入推进，有效扭转了供需形势，改善了市场预期，增强了市场功能，优化了存量资配置。

四是科技创新和技术扩散进入活跃期，为高质量发展提供了技术支撑。2017年我国创新指数世界排名升至第22位，比2013年提升了13位，成为前25名中唯一的非高收入经济体，拥有高质量发展的技术基础。

五是全面深化改革持续推进，主要领域改革主体框架基本确立，为高质量发展提供制度保障[③]。

我国在“九五”时期就提出经济增长方式要从粗放型向集约型转变，“十一五”规划以“加快转变经济增长方式”取而代之，之后2007年党的十七大进一步提出了“经济发展方式”。学术界部分学者曾用“增长模式”“增长阶段”概括经济增长方式的转换。党的十八大报告在科学分析转变经济发展方式进展缓慢原因的基础上指出：“深化改革是加快转变经济发展方式的关键。”

① 李兆辰，袁富华．“现代化经济体系”研究新进展及展望［J］．北京工业大学学报（社会科学版），2019，19（4）：70-76.

② 刘渝琳，许新哲．我国中等收入群体的界定标准与测度［J］．统计研究，2017，34（11）：79-85.

③ 王一鸣．大力推动我国经济高质量发展［J］．人民论坛，2018（9）：32-34.

“高速增长”阶段主要依靠高投资、劳动参与率增加等要素驱动，“高质量发展”阶段则主要依靠技术进步、效率驱动。在高速增长阶段，经济发展质量相对较低，经济波动幅度大，对资源、环境的破坏较大。从高速增长阶段转向高质量发展阶段必须做好两个维度的转向：一是速度，即经济增长速度从高速减下来；二是质量，要努力提高经济发展质量。①

在以上背景下，习近平总书记在党的十九大报告中提出：“我国经济已由高速增长阶段转向高质量发展阶段，正处在转变发展方式、优化经济结构、转换增长动力的攻关期，建设现代化经济体系是跨越关口的迫切要求和我国发展的战略目标。”明确了推动高质量发展是当前和今后一个时期确定发展思路、制定经济政策、实施宏观调控的根本要求。党的十九大之后提请十三届全国人大一次会议审议的政府工作报告提出的深度推进供给侧结构性改革等 9 个方面的部署，都围绕着高质量发展。2017 年 11 月 29 日，中央农村工作会议提出“走质量兴农之路”，要“加快推进农业由增产导向转向提质导向”的要求；之后全国农业工作会议提出将 2018 年确定为“农业质量年”，明确了我国农业系统开启农业高质量发展的新征程。

第二节　农业高质量发展的研究意义与目的

党的十八大以来，我国粮食总产量连续 5 年超过 1.2 万亿斤，肉蛋菜果鱼等农产品产量稳居世界第一。这些成就是在我国农村劳动力特别是高素质青壮年劳动力持续转移、耕地特别是高质量耕地不断减少的背景下取得的。这说明了我国农业的生产能力有了很大提高，为我国农业发展由增产导向转向提质导向提供了物质基础和社会条件，已具备条件和能力推进农业转型升级、朝着高

① 高培勇，杜创，刘霞辉，袁富华，汤铎铎．高质量发展背景下的现代化经济体系建设：一个逻辑框架［J］．经济研究，2019，54（4）：4-17.

质量发展的方向迈进。农业高质量发展是有效解决“人民日益增长的美好生活需要和不平衡不充分的发展之间的矛盾”的必然要求，是乡村振兴的重要内容，是中国农业现代化跨越发展的必然结果、重大成果和重要标志。加快农业转型升级，推进农业高质量发展也是形势所迫、发展所需，具有重大意义：一是有效缓解农业资源环境压力；二是满足人民群众不断升级的消费需求；三是应对激烈的国际竞争①。

作为经济发展进入新时代的标志，高质量发展正在掀起我国经济领域一场广泛而深刻的变革，将带来从理念到实践的全面革命。本书认为，推动农业高质量发展，必须牢牢把握高质量发展这个总体要求，坚持质量兴农、绿色兴农、效益优先，优化农业结构，深化农村改革，促进农业经济提质增效、转型升级。本书以湖北农业为例，在对湖北农业高质量发展的现状进行充分调研的基础上，分析并发现湖北农业高质量发展的约束性因素，结合政府部门的决策，研究促进农业高质量发展的路径和对策，以期对我国农业的高质量发展有所启示和帮助，在一般和共性上有些许的指导意义。

本书以提升我国农业高质量发展为目标导向，按照“基础研究—约束因素—提升机制”的研究思路，贯穿以“基本理论研究—农业高质量发展体系构建—约束性因素分析—高质量发展提升机制”这一研究主线，旨在为我国农业高质量发展提供一定的理论基础和实践支持。

本书以创新为使命，以实践为根本，在现有的文献基础上，着力解决和回答“什么是农业高质量发展？农业高质量发展有哪些约束性因素？如何推动农业实现高质量发展”等核心问题。总体目标是揭示当前我国实现农业高质量发展面临的诸多问题，制定出具有理论依据和实践价值的农业高质量发展的针对性对策建议。具体研究目标包括：文献梳理，归纳总结农业高质量发展的内涵、定位和性质；构建农业高质量发展体系，确定农业高质量发展的核心内容；研判农业高质量发展的约束性因素；推进农业高质量发展的对策与建议。

① 韩长赋．大力推进质量兴农绿色兴农　加快实现农业高质量发展［N］．农民日报，2018-02-27（001）．

第三节　本书的研究内容

以农业高质量发展过程中的问题为导向，以提升我国农业高质量发展为使命，围绕“基础研究—约束因素—提升机制”三大板块展开研究，主要包括“基本理论及判别、农业高质量发展的约束性因素、推动和提升农业高质量发展的对策和建议”三个问题域。

一、基本理论及判别

基本理论研究是本书研究的基础和起点。总体来看，学术界关于高质量发展，尤其是农业高质量发展的研究相对较少，研究结果比较零散，尚未形成一个系统的理论框架，更缺乏一套行之有效的判别标准。推动高质量发展是我国当前和今后一个时期确定发展思路、制定经济政策、实施宏观调控的根本要求，其中农业高质量发展具有重要的作用和较大的比重。深入理解农业高质量发展的内涵、定位和性质并最终达到推动和提升农业高质量发展的目的，必须首先搞清楚“什么是农业高质量发展？如何判别某区域农业达到高质量发展要求？”，即“是什么、知其然”的命题。具体研究内容包括：

（一）农业高质量发展的内涵、定位和性质研究

通过文献梳理，发现农业高质量发展“更强调经济运行的质量、效益和结构，更注重全面协调可持续的发展和经济结构的调整，更加注重投资与增长、发展与民生、增长与环境、资源与人才、经济与社会等各方面关系的整体把握”。农业高质量发展是“体现创新、协调、绿色、开放、共享发展理念的发展，也应是生产要素投入少、资源配置效率高、资源环境成本低、经济社会效益好的发展”。农业高质量发展是适应农村经济发展新常态的主动选择，是适应我国社会主要矛盾变化的必然要求，也是建设现代农业体系的必由之路。

（二）构建农业高质量发展的“评价体系”

通过速度指标、总量指标、财务指标、结构协调性指标、质量效益指标、新动能发展指标等指标构建各类主体指标考核体系。通过宏观政策、地方产业政策、地方微观政策、地方改革政策和社会政策等指标构建政策考核体系。通过增长速度、产业结构及梯度、产品质量、品牌效应等指标构建标准考核体系。通过经济效益、社会效益、生态效益和人的幸福感等指标构建统计考核体系。通过经济增长速度、经济结构、创新质量、可持续性等指标构建绩效评价体系。通过质量提高、民生改善、社会进步、生态效益等指标构建政绩考核体系。

二、农业高质量发展的约束性因素

农业是全面建成小康社会和实现现代化的基础。发展现代农业，须用科学发展观为指导，遵循市场规律、自然规律和经济规律三大规律。如何评价当前农业高质量发展现状？如何从整体上科学量化和评价农业高质量发展的水平？如何研判当前农业高质量发展面临的诸多约束性因素？这些就成为研究农业高质量发展的关键问题。具体内容包括：

（一）农业高质量发展现状研判

根据前述的农业高质量发展评价体系，在调研和统计的基础上，以湖北农业为例，对农业高质量发展进行客观评价。

（二）农业高质量发展的约束性因素分析

根据以上评价结果，对照评价体系，归纳和总结出典型区域农业高质量发展的约束性因素。并对各影响因素进行分级讨论，进而揭示农业的高质量发展规律，进一步完善评价体系。

三、推动和提升农业高质量发展的对策和建议

在前面基础研究和约束因素分析的基础上，以五大发展理念为目标导向，

结合中国的特殊国情，提出推动和提升农业高质量发展的对策和建议。具体内容包括：

（一）准确领会高质量发展的内涵、定位、性质

通过识别农业发展中较突出的不平衡、不充分问题，来界定农业高质量发展。坚持以人为中心，以有利于更好地满足人民在经济、政治、文化、社会、生态等方面日益增长的需要，更好地促进人的全面发展、社会全面进步的发展为评判原则。

（二）科学制定农业高质量发展的共性要求

着力加快建设农村实体经济、农村科技创新、农村现代金融和农村人力资源协同发展的产业体系，构建协同发展的农业产业体系。以供给侧结构性改革为主线，推动农业经济发展质量变革、效率变革、动力变革，增强农业创新力和竞争力。推动国家治理体系和治理能力现代化，构建市场机制有效、微观主体有活力、宏观调控有度的农业经济体制。

（三）科学制定农业高质量发展的区域特殊性要求

根据各区域不同的农业自然资源条件、社会经济条件以及农业生产特征，按照区别差异性、归纳共同性的办法，区别对待不同的农业区，制定针对性的农业高质量发展方向和发展途径。

第四节 本书的重难点及创新点

一、拟突破的重难点

（一）农业高质量发展的内涵、性质研究

高质量发展是党的十九大报告和2018年国务院政府工作报告对我国经济发展阶段提出的重大判断和新的表述。目前的相关研究较零散且缺乏系统性。

正确理解农业高质量发展的背景、内涵和性质是进行农业高质量发展研究的基础，才能防止以后的一切研究工作不偏离正确的方向。

（二）农业高质量发展评价体系的构建

这是农业高质量发展研究的关键问题之一，评价体系是否合理和科学会直接影响到评价结果的真实性以及后续对策与建议的科学性。

（三）农业高质量发展的约束性因素分析

推动和提升农业高质量发展，必须化解和消除阻碍农业高质量发展的诸多约束，对各类约束性因素的判别正确与否也会影响后续对策与建议的科学性与针对性。

（四）推动和提升农业高质量发展的对策与建议研究

从一般共性研究和特殊性两个方面分别提出农业高质量发展的普适性要求和区域特殊性要求。

二、主要创新点

（一）农业高质量发展的“评价体系”的构建

力求评价体系的科学性、目标性、整体性和层次性。

（二）农业高质量发展的普适要求和地区特殊性要求

影响农业高质量发展的因素是多方面的，要推动和提升农业高质量发展，应采取多种手段而不是单一措施。

第二章　经济增长方式与经济发展理论

第一节　经济增长与经济发展理论

经济发展与经济增长既相互联系又有区别。经济增长是指一国一定时期内产品和服务量的增加，而经济发展除包含经济增长外还包含经济结构的变化等。经济增长是经济发展的基础。经济增长理论的发展，大致经历了以下演进过程。

土地财富论：英国古典政治经济学的创始人 William Petty 等认为“土地为财富之母，劳动则为财富之父和能动的要素”。

劳动源泉论：法国古典政治经济学创始人、重农学派的先驱 Sieur de Boisguillebert 认为，劳动时间决定交换价值，把劳动看作经济增长的主要源泉。英国经济学家 Adam Smith 认为，分工促使个人增加财富，进而资本累积促进社会扩大生产，促进社会繁荣；国民财富增长的首要原因是社会分工，资本积累只是经济增长的必要条件。英国资产阶级古典政治经济学的主要代表 David Ricardo 建立起了以劳动价值论为基础，以分配论为中心的理论体系，提出决定价值的劳动是社会必要劳动，认为全部价值由劳动产生。

资本决定论：法国资产阶级庸俗政治经济学的创始人 Jean-Baptiste Say 提出任何财富和价值都是“归因于劳动、资本和自然力这三者的作用和协力”；

英国新古典学派的创始人 Alfred Marshall 研究了劳动、资本、土地和组织四个生产要素的供给及其变动规律，把资本直接等同于生产资料，强调资本本身具有生产力。其表达形式是哈罗德—多马模型，以该模型为标志诞生了现代经济增长理论。

技术决定论：美国经济学家 Robert Merton Solow 认为，技术进步率、资本增长率和人口增长率是决定总产量增长率的三个因素，但技术进步是决定因素，他进一步认为促进技术进步并用于生产是经济增长的关键。Dennison 等通过实证分析证实了索洛模型。

人力资本论：以美国经济学家、芝加哥经济学派成员 Theodore W. Schultz 为代表，认为资本概念应包括物质资本和人力资本两种形式，人力资本是通过对人力的投资而形成的、人力投资的核心是教育投资，教育投资带来的收益远比对非人力资本投资更有益于经济增长，人力资本是经济增长最重要的动力和源泉。

新增长理论：20 世纪 80 年代中期，以美国经济学家 Paul M. Romer、Robert E. Lucas 为代表的一批经济学家，在对新古典增长理论重新思考的基础上发展和完善了技术进步论和人力资本论，强调经济增长不是外部力量（如外生技术变化），而是经济体系内部力量（如内生技术进步）作用的结果，通过对知识外溢、人力资本投资、研究与开发、收益递增、劳动分工和专业化、干中学、开放经济和垄断等问题的研究，重新阐释了经济增长的源泉，建立起新的经济增长模型，开创了新增长理论。奥地利经济学家 Joseph Alois Schumpeter 认为，企业家的创新活动是推动经济发展的主体，并且经济周期与创新活动的特点有重大关系。

结构论：20 世纪 90 年代结构论在中长期经济增长分析中占有重要地位。美国的“GNP 之父”Simon Smith Kuznets 最先提出经济结构变化是经济增长重要因素的论断。哈佛大学教授 Hollis B. Chenery 等认为，投资和储蓄只是经济发展的必要条件，而不是充分条件；通过对结构变动的各种制约因素的分析，揭示了经济发展的“标准形式”和各自的不同特点，认为产业结构变动与经济增长及其效率有紧密的联系，结构变化是经济增长的中心，经济结构的有效转换将有助于经济的持续增长；结构变化的动态过程是经济增长的实现过程。

制度论：美国经济学家 Douglass C. North 运用新古典经济学和经济计量学来研究经济史问题，通过对西方市场经济演变史的审视与分析，升华出制度变迁理论的思想，并以产权理论、国家理论和意识形态理论来构建他的分析框架，认为经济增长的制度决定论思想，即经济制度是决定经济业绩的最根本的因素。

第二节 经济增长方式

经济增长方式狭义指 GDP 增长方式，广义指社会财富的增加方式。经济增长方式是指为推动经济增长的各种要素的组合方式和各种要素组合起来推动经济实现增长的方式，简单地说，是指经济增长来源的结构类型。

根据经济要素在经济结构中的地位和作用，迄今为止人类的经济增长方式从低级到高级依次经过了资源运营→产品运营→资产运营→资本运营→知识运营增长方式、要素驱动型→投资驱动型→创新驱动型增长方式；根据经济主客体的关系，人类的经济增长方式从低级到高级依次经过了资源配置型→资源再生型增长方式、外延扩张型→内涵开发型增长方式。在知识经济时代，当前新常态经济的经济增长方式是知识运营增长方式、创新驱动型增长方式、资源再生型增长方式、内涵开发型增长方式的融合。创新驱动是经济增长方式由低级向高级转变的根本动力。在知识经济时代，政府宏观调控是一国经济增长方式由低级向高级转化的必要一环。经济学界从不同的角度对经济增长方式进行了多种不同的分类，主要有以下三种：①

① 史晋川．论经济发展方式及其转变——理论、历史、现实［J］．浙江社会科学，2010（4）：12-18.

一、从经济增长效率的角度分为粗放型和集约型

粗放型增长特征是高投入、高消耗、低质量、低效益，片面追求数量、产值和速度，忽视增长的质量和效益。集约型增长则主要依靠提高活劳动和物化劳动利用率来增加产品的生产量，更注重生产要素效率的提高，通过提高要素效率对经济增长的贡献来提高生产质量和增加社会效益，特征是低消耗、高质量、高效益。

二、从扩大再生产的角度分为外延型和内涵型

这一划分是根据马克思在《资本论》中的论述提出的。马克思说："如果生产场所扩大了，就是在外延上扩大；如果生产资料效率提高了，就是内涵上扩大。"苏联和美国等西方经济学家在20世纪50~60年代开始比较集中地研究经济增长方式问题。提出了两种不同的经济增长方式：一种是仅仅依靠增加自然资源、资本和劳动等生产要素的投入数量来扩大再生产及实现经济增长的方式，即粗放增长或外延增长（extensive growth）；另一种是依靠提高了资源或生产要素的利用效率来扩大再生产及实现经济增长的方式，即集约增长或内涵增长（intensive growth）。

三、从经济增长动力的角度分为投入驱动型和效率驱动型

这是西方经济学最普遍的分类方法。这种分类把影响经济增长的因素划分为两大类：要素投入的增加和要素生产率的提高。要素投入的增加是指劳动、资本和资源投入量的增加，要素生产率的提高是由知识进展、技术进步、规模经济、资源配置的改善等带来的。投入驱动型（input-driven growth）增长方式是指经济增长主要依靠生产要素（劳动、资本、资源）投入的增加；效率驱动型（efficiency growth）增长方式是指经济增长主要依靠生产效率的提高。

第三节　关于高质量发展的研究

一、高质量发展的内涵

盛朝迅（2018）认为，深入理解高质量发展的内涵，可以从五个方面入手：一是宏观和微观相结合的维度；二是供给和需求相结合的维度；三是公平和效率相结合的维度；四是目标和过程相统一的维度；五是质量和数量相统一的维度①。赵敏等（2020）认为，高质量发展的根本目的是实现满足社会需要，高质量发展不仅是对产品质量、生产组织的效率以及经济组织间结构的高标准要求，更重要的是对社会生产过程的运动方向和实现发展的经济体系的特殊要求②。高培勇等（2020）认为，高质量发展是一种演化着的整体发展观，其典型表现为经济系统、社会系统和制度系统的高度现代化及其演化结果，即高度现代性③。

二、高质量发展的动力变革

迟福林（2018）主张推动我国经济转向高质量发展，既要把握国内外环境的变化趋势与历史性机遇，又要大力推动新旧动能转换。必须推动经济发展质量变革、效率变革、动力变革，需要把握内外部环境的深刻变化，推动经济发展质量变革、效率变革、动力变革，并以动力变革提高全要素生产率，促进

① 盛朝迅．理解高质量发展的五个维度［N］．经济日报，2018-04-27（014）．

② 赵敏，高露，王鹏．高质量发展：践行社会主义发展逻辑的中国道路［J］．当代经济研究，2020（5）：93-101．

③ 高培勇，袁富华，胡怀国，刘霞辉．高质量发展的动力、机制与治理［J］．经济研究，2020，55（4）：4-19．

并实现质量变革、效率变革。[①] 田雪原（2020）认为，高质量发展就是以新动力驱动为主导，以劳动生产率提高为主要手段，提供的产品和服务质量不断提升的发展。其基本要义是提供质量较高的产品和服务的发展、符合动力转换和创新引领的发展、有利于现代经济结构形成的发展、推动可持续性不断增强的发展四个方面，同时要以创新引领改革，走可持续发展道路来深化改革、扩大开放[②]。

三、如何统领高质量发展

党的十九届四中全会提出“坚持和完善社会主义基本经济制度，推动经济高质量发展”的要求后，相关学者进行了一系列研究。邵彦敏（2018）认为，推动高质量发展是当前和今后一个时期确定发展思路、制定经济政策、实施宏观调控的根本要求。新时代破解发展难题，必须用新的发展理念引领发展方向，即在创新、协调、绿色、开放、共享的发展理念战略引领下的发展[③]。卢现祥（2020）认为，高质量发展不仅包括提高全要素生产率、产业转型升级和技术进步，而且其更关键的问题在于确立转变发展方式、优化经济结构及转换经济增长动力的制度保障[④]。杨虎涛（2020）认为，实现高质量发展，国家的作用极为重要，一方面需要国家引导社会资源导向高质量生产性活动，另一方面要为经济结构转变、发展动能切换提供稳定的经济社会环境[⑤]。

四、如何推动农业高质量发展

张为付等（2018）认为，无论是农业、制造业还是服务业，都面临着总

① 迟福林．转向高质量发展，要突出强调动力变革［J］．环境经济，2018（5）．

② 田雪原．高质量发展重在全面深化改革［J］．海南大学学报（人文社会科学版），2020，38（3）：1-10，180．

③ 邵彦敏．新发展理念：高质量发展的战略引领［J］．国家治理，2018（5）：11-17．

④ 卢现祥．高质量发展的体制制度基础与结构性改革［J］．社会科学战线，2020（5）：61-67．

⑤ 杨虎涛．高质量经济活动：机制、特定性与政策选择［J］．学术月刊，2020，52（4）：35-44．

量增速放缓、质量和效率提升阻碍重重的现实难题，迫切需要探索出三大产业具有科学性和前瞻性的改革与发展方向，在产业良性互动中实现三大产业的高质量发展。农村生产性服务业的发展状况较差，推进农业农村现代化的前提之一，就是推动现代服务业深入农村，助力农业现代化、农民职业化和农村城镇化革新浪潮。[①] 焦国栋（2017）认为，第一要深化供给侧结构性改革，推动产业结构和产品结构的转型升级；第二要加快建设创新型国家，以自主创新的技术带动质量效益提高；第三要实施乡村振兴战略和区域协调发展战略；第四要加快完善社会主义市场经济体制改革，增强经济发展的活力[②]。姜长云（2018）认为，促进小农户和现代农业发展有机衔接，直指构建现代农业产业体系、生产体系、经营体系的薄弱环节，对于推动农业发展的质量变革、效率变革、动力变革，也可以起到画龙点睛的作用[③]。陈明星（2020）进行了前瞻性研究，认为“十四五”时期推进农业农村高质量发展，必须突出问题导向、目标导向、需求导向和市场导向，遵循乡村发展规律和农业农村现代化规律，创新市场导向思维、城乡融合思维、全面振兴思维、贫困治理思维[④]。

第四节　国内外研究述评

经济增长方式是与经济增长联系在一起的。经济增长总是以一定的方式进行，而经济增长方式又是由经济增长的内容、要素、目的等决定的。因此，所谓经济增长方式是指推动经济增长的各种生产要素投入及其组合的方式，其实

① 张为付，张晓磊．在产业良性互动中实现经济发展高质量［J］．群众，2018（4）：26-28.

② 焦国栋．中国经济发展路径由高速增长向高质量发展转变［J］．农村·农业·农民（A版），2017（11）：15.

③ 姜长云．促进小农户和现代农业发展有机衔接是篇大文章［J］．中国发展观察，2018（z1）.

④ 陈明星．“十四五”时期农业农村高质量发展的挑战及其应对［J］．中州学刊，2020（4）：49-55.

质是依赖什么要素，借助什么手段，通过什么途径，怎样实现经济增长①。15世纪区域性国际市场（贸易区）形成后，世界各国各地区就开始在促进经济增长的同时，努力地探索和寻求实现经济增长的方式和途径。经济增长理论的发展和演进过程经历了从低级到高级、简单到复杂、单一到复合的过程，自然符合人类社会自身发展由简单到复杂、人们由浅入深认识客观社会的历程。

推动我国经济由高速增长阶段转向高质量发展阶段，是我国经济在30多年高速增长之后突破结构性矛盾和资源环境瓶颈，保持我国经济持续健康发展的必然要求，实现更高质量、更有效率、更加公平、更可持续发展的必然选择，也是我国实现社会主义现代化的必由之路。前述的经济增长理论演进历程中，各种经济增长理论均有一定的理论优势，但都不可否认其存在缺陷，即不能直接照抄来用于解决我国的问题。具体原因为：一是各种经济增长理论均是在研究西方发达国家某一历史时期的问题或现象时的成果，本身具有缺陷；二是我国是社会主义国家，有自身的特殊国情；三是与经济增长方式转变相比，经济发展方式转变的内涵更为丰富。

农业的高质量发展更是如此，更强调经济运行的质量、效益和结构，更注重全面协调可持续的发展和经济结构的调整，更注重投资与增长、发展与民生、增长与环境、资源与人才、经济与社会等各方面关系的整体把握。中国农业发展方式的粗放度可以划分为4个阶段：高度粗放型、中度粗放型、低度粗放型和集约型。相关研究表明现阶段我国农业发展方式主要处于低度粗放型，从转变绩效指数上看，中国农业增长仍然保持粗放型增长方式，相应的中国农业全要素生产率的增长也呈现出阶段性特征②。农业的高质量发展，既是体现创新、协调、绿色、开放、共享发展理念的发展，也是生产要素投入少、资源配置效率高、资源环境成本低、经济社会效益好的发展。

---

① 钟春洋，庄惠明．论经济发展方式转变的历史演进与性质［J］．科学经济社会，2009，27（1）：37-42.

② 刘燕妮，任保平，高鹏．中国农业发展方式的评价［J］．经济理论与经济管理，2012（3）：100-107.

第三章　高质量发展的内涵、特征与体现

党的十九大和中央经济工作会议做出了“中国特色社会主义进入了新时代，我国经济发展也进入了新时代”的重大论断，指出新时代我国经济发展的基本特征已由高速增长阶段转向高质量发展阶段，正处在转变发展方式、优化经济结构、转换增长动力的跨越关口，我国社会主要矛盾已经转化为人民日益增长的美好生活需要和不平衡不充分的发展之间的矛盾①。要解决好不平衡、不充分这个矛盾，必须要依靠高质量的发展，坚持质量第一、效益优先，推动经济发展质量变革。正确认识高质量发展的内涵、性质、基本特征，无论对发展和完善中国特色的社会主义政治经济学理论，还是对于推动经济全面转型升级、跨越中等收入陷阱等经济工作和经济政策的实践，都具有十分重要的战略意义和价值。

第一节　高质量发展的内涵②③

党的十九大后，众多学者从多个角度对高质量发展的内涵进行了界定。梳

---

① 任保平．新时代高质量发展的政治经济学理论逻辑及其现实性［J］．人文杂志，2018（2）：26-34.

② 任保平，何苗．十九大以来关于我国经济高质量发展若干研究观点的述评［J］．渭南师范学院学报，2019，34（9）：25-33.

③ 许思雨，薛鹏．中国经济高质量发展的内涵与评判：一个文献综述［J］．商业经济，2019（5）：132-134.

理现有的研究，高质量发展的内涵主要有如下几个方面：

一是从经济学理论角度对高质量发展的内涵进行界定。从马克思主义政治经济学、经济学的基础理论角度出发阐释了高质量发展的概念。如国务院发展研究中心的王一鸣（2018）认为："迄今为止经济学中未对高质量发展有明确定义，但是可以从微观、中观、宏观三个层面去进行观察。从微观层面来看，通常指产品和服务；从中观层面来看，主要指的是产业的价值链；从宏观层面来看，指的是国民经济的整体质量和效益。"①

二是从经济新常态角度对高质量发展的内涵进行界定。新常态是经济增速由高速增长向中高速增长转变，经济结构持续优化，经济增长动力由要素及投资驱动向创新驱动的发展，认为其中第一点表明高速增长阶段已经结束，后三点可集中概括为高质量发展。如中国社会科学院的学者金碚（2018）认为："高质量发展是能够满足人民不断增长的真实需要的经济发展方式、结构和动力状态。"②

三是从社会主要矛盾及五大发展理念角度对高质量发展的内涵进行界定，认为高质量发展应该是满足人民各个方面的美好生活需要的发展，从经济、政治、文化、生态、社会等各个层面都能够满足人民的生活需要，注重人民的幸福感获得。高质量发展要能够体现五大发展理念，强调以创新驱动，建立协调的发展结构，兼顾生态环境的绿色发展，加大开放程度，共享发展成果，是建成现代化国家的根本性要求。如田秋生（2018）认为，高质量发展是一种新的发展理念，是以质量和效益为价值取向的发展，是基于我国经济发展新时代、新变化、新要求，对经济发展的价值取向、原则遵循、目标追求作出的重大调整，是五大发展理念的高度聚合，是创新成为第一动力、协调成为内生特点、绿色成为普遍形态、开放成为必由之路、共享成为根本目的的发展。它要求以质量为核心，坚持"质量第一，效率优先"，确定发展思路、制定经济政

① 王一鸣. 推动经济高质量发展要坚持问题导向［J］. 智慧中国，2018（9）：32-34.

② 金碚. 关于"高质量发展"的经济学研究［J］. 中国工业经济，2018（4）：5-18.

策、实施经济调控都要更好地服务于质量和效益①。

四是从供给与需求角度对高质量发展的内涵进行界定。主要集中于讨论供给角度的产品质量、服务质量、环境质量等方面，高质量的发展要求要素使用效率提升、产业结构优化、经济发展动力变革；以消费结构的转变带动供给层面的优化升级，提高资源的配置、使用效率；同时在生产过程中力求实现低投入高产出，提高全要素生产率，以创造更多的财富，推动经济健康稳定地向前发展。

结合“创新、协调、绿色、开放、共享”的新发展理念，可以概括为：创新是高质量发展的基石，协调是高质量发展的手段，绿色是高质量发展的要求，开放是高质量发展的动力，共享是高质量发展的目标。最后，我们必须认识到，高质量发展是能够满足人民日益增长的美好生活需要的发展，其理论内涵会随着生产力水平和经济社会发展水平的提升而不断丰富。

第二节　高质量发展的基本特征

刘志彪（2018）认为，高质量发展的内在基本特征，是与高速度发展的基本特征比较得出来的，并基于这两个发展阶段的差异对高质量发展基本特征进行了描述：一是在评价标准上的单维与多维差异。高速度发展的评价标准是单维的评价，数量有无和多少是评价的主要标准；高质量发展的评价标准就是多维且非常复杂。二是历史背景上的短缺与过剩表现。在高速度发展阶段，好坏不是主要矛盾，有无和多少才是问题的核心。而在高质量发展阶段，人民群众对物质文化生活的需要变成了对美好生活的需要，带来国民经济结构的重大转型，宏观经济管理不再是为了解决有无的问题，而是要解决好坏、满意不满意、结构的不均衡及质量的高低问题。三是实现手段上的计划和市场。高速度

① 田秋生．高质量发展的理论内涵和实践要求［J］．山东大学学报（哲学社会科学版），2018（6）：1-8.

发展阶段，计划手段是效率较高的方式，政府作用的范围和领域比较大。而在高质量发展阶段，让市场主体自己决策、责任自负的内生调节方式，是最优的资源配置方式。政府从干预市场主体决策和干预市场活动，转向进入非市场领域发挥基本的调节作用，为市场活动提供更多的外部经济性。①

冯俏彬（2018）认为，我国经济高质量发展具有五大特征，分别是：第三产业对经济增长的贡献显著增加；创新对经济增长的贡献显著增加；消费对经济增长的贡献显著增加；结构优化；包容性、普惠式增长。此外，还提出了推动我国经济高质量发展的五大途径：加快实现要素的市场化配置；着力加大产权保护力度；深化社会保障制度改革，加紧推进基本公共服务均等化；深化“放、管、服”改革，正确处理好政府与市场关系，真正实现市场配置资源的决定性作用与更好发挥政府作用；加快中央地方财政体制改革，正确处理好中央与地方的财政关系。②

刘瑞娜（2019）认为，经济高质量发展应该具有以下特征：一是创新成为经济增长的强大动能。创新尤其是自主创新将随着综合国力的变强在各行业中发挥的“头雁”效应，成为引领我国经济高质量发展的利器。二是消费成为经济增长的主要力量。三是协调发展和结构优化成为内生特点。四是人民共享改革成果。③

杜秦川（2018）认为，高质量发展具有实践性、时代性、阶段性、多维性和层次性等特征。实践性指高质量发展更多的是政策概念、政治评价标准，具有价值判断的性质，并非价值中立的科学概念，很难准确把握其学理性。时代性指其具有深刻的时代内涵，其内涵随着经济现实和理论背景的不同而不同。阶段性是指高质量发展内涵在新时代会随着发展阶段的不同而呈现出不同的阶段特征，意味着对不同行为主体而言，都应该是在其自身面对的各种静态

① 刘志彪．理解高质量发展：基本特征、支撑要素与当前重点问题［J］．学术月刊，2018，50（7）：39-45，59.

② 冯俏彬．我国经济高质量发展的五大特征与五大途径［J］．中国党政干部论坛，2018（1）：59-61.

③ 刘瑞娜．中国经济高质量发展问题研究［J］．河南工业大学学报（社会科学版），2019，15（3）：33-39，89.

和动态的约束下，最优化地统筹实现“创新、协调、绿色、开放、共享”发展，根据情况变化调整不同发展理念的权重和优先序。多维性指“高质量发展”不是一种具体的形态或表现形式，它在不同领域具有不同表现和衡量标准，对不同行为主体意味着不同的高质量发展形态。层次性意味着对不同层级的行为主体而言，高质量发展的内涵和具体形态也会不同，在处理全国层面和地方层面的问题时需要把握问题的共性与个性特征。①

钟钰（2018）认为，高质量发展阶段的农业生产经营从狭义来说是针对农产品质量而言；从广义来看，还应包括生产经营体系质量和产业效益等方面。农业生产经营体系的高质量发展的特征有：一是高标准要求的农产品。高质量阶段的产品合格只是保障人们“舌尖安全”的基本线。农业生产由数量增长向质量提升转变，农产品除了品质好，种类、样式还需要不断丰富。二是高生产效益的农业产业。从改善品质、提价增值上入手，提高农产品赢利能力，让农业成为有奔头、有希望的产业。三是高效完备的生产经营体系。发达的农业社会化服务是高效生产经营体系的重要标志，要以充实完善农业公共服务机构为依托，以发展壮大农业经营性服务组织为重点，大力发展农业生产性服务。四是高品质的国际竞争力。农产品竞争力体现在两个层面，即同质产品的价格或成本高低和产品质量差异带来的福利外溢。农业产出遵照价值合理生产，依靠科技力量引领传统农业产业转型升级，拓展农业的经济、生态、文化等多维功能，促进农业产业链条延伸与第二、第三产业深度融合，提升农产品品质及综合竞争力。②

第三节　高质量发展的具体体现

赵华林（2018）指出，经济高质量发展的内涵主要表现在五个方面：一

① 杜秦川．推动高质量发展需要把握好几个重要性质［J］．中国物价，2018（11）：7-9.

② 钟钰．向高质量发展阶段迈进的农业发展导向［J］．中州学刊，2018（5）：40-44.

是经济发展高质量，二是改革开放高质量，三是城乡发展高质量，四是生态环境高质量，五是人民生活高质量。①

师博等（2018）认为，高质量发展体现为三个层面：一是体现在发展的基本面，从协调发展理念出发保持经济增长的强度、稳定性和经济结构的合理化，从开放发展理念出发建立全方位对外开放新格局；二是体现在发展的社会成果层面，从共享发展和创新发展理念出发，强化人力资本积累使社会成员充分分享经济发展的成果，进而以人力资本为创新载体推动创新型国家建设；三是体现在发展的生态成果层面，从绿色发展理念出发加大对生态环境保护的投入力度。②

张军扩等（2019）认为，高质量发展是以满足人民日益增长的美好生活需要为目标的高效率、公平和绿色可持续的发展，主要体现在以下几个方面：③

（1）资源配置效率高，经济运行平稳。要素配置和利用效率高，宏观供求关系相对平衡，供给和需求大体平衡，经济运行稳定。

（2）工农业产品和服务的质量不断提高。产品和服务安全可靠，质量不断提高，符合国内外主流市场的要求。

（3）技术水平不断升级。国民经济主导产业的技术要达到同期世界主流水平。有相当一批产业能够达到价值链高端和世界技术水平的前沿，形成参与国际竞争的持久优势。

（4）制约人民群众生活质量的突出短板得以补齐。

（5）现代化诸方面的均衡发展，即经济建设、政治建设、文化建设、社会建设、生态文明建设协调推进。

（6）国土空间上的均衡发展。城乡、区域之间形成合理的分工格局，生产要素在城乡和区域之间的配置符合效率原则。公共服务大体实现均等化。国

① 赵华林．高质量发展的关键：创新驱动、绿色发展和民生福祉［J］．中国环境管理，2018，10（4）：5-9.

② 师博，张冰瑶．新时代、新动能、新经济——当前中国经济高质量发展解析［J］．上海经济研究，2018（5）：25-33.

③ 张军扩，侯永志，刘培林，何建武，卓贤．高质量发展的目标要求和战略路径［J］．管理世界，2019（7）：1-7.

土空间开发程度与资源环境承载能力相匹配。

（7）更加公平的成果分享。收入和财富差距保持在合理范围之内，社会阶层流动性较高，全体人民都能够通过公平参与国家的现代化进程而实现自我发展。

（8）绿色可持续的发展。人与自然关系和谐，形成绿色低碳的生产方式和生活方式，生态自我修复能力强，城乡人居环境优良。

最后，需要指出的是，经济学理论文献对经济发展的理解是有基本共识的，但很少直接研究高质量发展。高质量发展与五大新发展理念密切相关，高质量发展至少包含着“创新发展、协调发展、绿色发展、开放发展、共享发展”，意味着高质量发展具有在新时代推动经济发展的实践导向性和强大的政策指导性。因此，高质量发展更注重“实践性”导向而非“学理性”，所以不能仅从纯粹学理性的角度理解“高质量发展”，而是要把握如何更好地推动高质量发展①。

① 杜秦川．推动高质量发展需要把握好几个重要性质［J］．中国物价，2018（11）：7-9.

第四章　农业高质量发展与三大体系建设

经过多年努力，我国农业现代化建设取得了巨大成就，农业综合生产能力、科技装备水平、农业基础设施建设都取得了长足的进步。但同时也依然存在农业产业大而不强、农业生产基础薄弱、农业经营规模偏小等问题，农业发展质量效益和竞争力亟待提高。党的十九大报告在对农业农村发展作出部署时，明确提出构建现代农业产业体系、生产体系、经营体系“三大体系”的任务。构建现代农业产业体系、生产体系、经营体系的这一重大部署，对我国现代农业建设提出了新要求，为我国实现农业高质量发展、农业现代化发展指明了前进方向。

第一节　现代农业“三大体系”建设背景

习近平总书记在 2014 年中央农村工作会议上的讲话中首次明确指出，要加快构建以农户家庭经营为基础、合作与联合为纽带、社会化服务为支撑的立体式、复合型现代农业经营体系，发挥多种形式农业适度规模经营主体在农业现代化中的引领作用，从而形成有利于现代农业生产要素创新与运用的有效载体。

2015 年“两会”期间参加吉林团审议时，习近平总书记指出推进农业现代化要突出抓好加快建设现代农业产业体系、现代农业生产体系、现代农业经营体系三个重点。

2015 年 3 月，习近平总书记在参加十二届全国人大三次会议吉林代表团审议时的重要讲话中，首次提出建设现代农业产业体系、现代农业生产体系、现代农业经营体系这一重要思想，把三大体系建设作为一个整体，作为推进农业现代化的内容。推进农业现代化，要突出抓好加快建设现代农业产业体系、现代农业生产体系、现代农业经营体系三个重点。同年 8 月，习近平总书记在吉林省考察工作时强调，农业现代化还是我国“四化”同步发展的短板，必须把现代农业建设放在重要位置，以建设现代农业产业体系、生产体系、经营体系“三个体系”为抓手，积极推进现代农业建设。

2016 年 4 月在安徽小岗村农村改革座谈会上，习近平总书记进一步强调，要以构建现代农业“三大体系”为抓手，加快推进农业现代化。2017 年 10 月在党的十九大报告中，他再次把构建现代农业的产业体系、生产体系、经营体系作为实施乡村振兴战略、推进农业现代化的重要内容。2018 年 3 月在参加山东团审议时他指出，要发展现代农业，确保国家粮食安全，调整优化农业结构，加快构建现代农业产业体系、生产体系、经营体系、推进农业由增产导向转向提质导向，提高农业创新力、竞争力、全要素生产率，提高农业质量、效益、整体素质。党的十九大报告把构建现代农业产业体系、生产体系、经营体系作为“三农”工作部署的重要内容，充分体现了构建现代农业产业体系、生产体系、经营体系的重要性①。习近平总书记将三大体系建设与中国农业现代化整体目标相提并论，体现习近平总书记在强调三大体系建设时，将现代农业发展手段和目标高度统一的思想②。

① 冯海发．构建现代农业“三个体系”加快推进农业现代化［J］．农业经济与管理，2017（5）：9-12.

② 杜志雄．全面准确理解习近平现代农业三大体系建设思想［J］．中国农村科技，2018（7）：6.

第二节　构建现代农业“三大体系”的重要意义

一、构建现代农业“三大体系”是农业高质量发展的基本前提

当前，我国农业发展质量不高主要表现在农产品多而不优、农业品牌杂而不亮、农业产业大而不强等几个方面。提高农业发展质量必须要坚持质量第一，坚持抓产业必须抓质量，抓质量必须树品牌，坚定不移推进质量兴农、品牌强农，提高农业绿色化、优质化、特色化、品牌化水平。这些路径都离不开现状农业“三大体系”的构建与完善。产业体系包括各个农业产业，从源头上确保国家粮食安全和主要农产品供给。生产体系强调通过农业供给更好地适应市场需求变化、更好地适应资源与环境条件，实现可持续发展。经营体系旨在通过创新农业经营管理方式提高农业全要素生产率和农业生产力水平。

二、构建现代农业“三大体系”是现代农业发展规律的全面体现

现代农业“三大体系”本质上是一个整体，相互依存相互促进，其根本目的是提高农业创新力、竞争力和全要素生产率，加快实现由农业大国向农业强国转变。但从能动性和发生学视角看，谁从事农业生产（经营体系）一定程度上决定了用什么样的技术和工具（生产体系），以及以什么样的产业组织方式（产业体系）从事农业生产活动①。

从内涵特质讲，现代农业是一个包含产业体系、生产体系、经营体系三个方面的有机整体。产业体系、生产体系、经营体系“三大体系”为一体，体

① 杜志雄．全面准确理解习近平现代农业三大体系建设思想［J］．中国农村科技，2018（7）：6.

现了现代农业建设在生产力和生产关系两个层面的内在要求。产业体系、生产体系、经营体系共同构成了现代农业的内涵要求和必要内容。建设现代农业，“三个体系”缺一不可。

三、构建现代农业“三大体系”是我国农业现代化发展的重要任务

我国现代农业建设已取得显著成效，在产业体系上，农业生产结构不断调整优化；在生产体系上，农业物质装备水平和科技水平不断提高；在经营体系上，农业经营方式不断完善。但总体上看，我国现代农业“三个体系”尚需健全，突出表现是产业体系存在结构不合理、生产体系存在物质装备和科技创新不足、经营体系存在规模偏小和新型经营主体缺乏等问题。要从化解这些突出问题入手，明确着力点，加快建设现代农业“三个体系”。①

第三节　现代农业“三大体系”及其相互关系

现代农业产业体系是以现代农业为主体，构建价值链高端化、结构高级化、组织结构高度活跃、产业高度融合、空间布局一体化，并且与城市化进程相适应的产业体系。现代农业类型很多，现代农业产业结构体系要从空间结构、纵向结构、功能结构展开，现代农业制度安排体系包括基本制度、产权制度、经营制度等。有学者指出，在学理上，现代农业产业体系其实已经包括农业生产体系、经营体系②。

① 冯海发．构建现代农业“三个体系”加快推进农业现代化［J］．农业经济与管理，2017（5）：9-12.

② 万俊毅，曾丽军，周文良．乡村振兴与现代农业产业发展的理论与实践探索——“乡村振兴与现代农业产业体系构建”学术研讨会综述［J］．中国农村经济，2018（3）：138-144.

现代农业经营体系与现代农业产业体系、现代农业生产体系等，是现代化条件下发展现代农业、特色农业、创汇农业的“三大支柱”。产业体系和生产体系的核心是提升农业生产力水平和生产效率，而经营体系的核心则在于完善农业生产关系，创新农业经营模式①。

一、现代农业产业体系

农业产业体系是集食物保障、原料供给、资源开发、生态保护、经济发展、文化传承、市场服务等产业形式于一体的综合系统，是多层次、复合型的产业体系。现代农业产业体系是衡量现代农业整体素质和竞争力的主要标志，核心是解决农业资源的市场配置和农产品的有效供给问题。

二、现代农业生产体系

农业生产体系是先进科学技术与生产过程的有机结合，是衡量现代农业生产力发展水平的主要标志，核心是解决农业的发展手段、动力和活力问题。主要是通过延长大量运用生物手段、全面实施良种化、延长产业链、工厂化加工、储藏包装、流通和销售等环节的有机结合，提升产业的价值链，发展高层次农产品，壮大农业新产业和新业态，发挥三次产业融合发展的乘数效应，提高农业质量效益和整体竞争力。

三、现代农业经营体系

农业经营体系是新型农业经营主体、新型职业农民与农业社会化服务体系的有机组合，是衡量现代农业制度化、组织化、社会化、市场化程度的主要标志。主要涉及专业大户、家庭农场、家庭牧场、农民合作社、龙头企业等。

① 李含琳．我国不同区域现代农业三大体系构建战略探讨［J］．甘肃理论学刊，2018（3）：5-11.

四、现代农业“三大体系”之间的关系

“三大体系”是现代农业建设整体的三个维度，从不同维度诠释着现代农业建设的不同着力点和目标。从生产体系看，追求的是农业生产的实物形态，就是质量和产量，重点考量土地产出率、劳动生产率和资源利用率，说到底就是综合生产能力，着力点是以高效率高效益为前提，重新配置农业生产要素，使技术、资本、人力、设备、管理等要素实现效率最大化。从产业体系看，追求的是农产品实物形态转换成经济形态，通过交易实现农产品从产品到商品的转换，是农民劳动成果货币化、价值化的直观体现。产业体系建设包括农产品的简单包装、初加工、精深加工（拉长产业链条）、农产品销售等，着力点是产业重塑和产品营销，关键是理念创新，从经营体系看，通过人才、组织、管理运营、综合服务等环节，使农产品的实物形态和经济形态价值最大化，追求的是最好的质量、最高的产量、最快的交易转换和最高的交易价格，着力点是如何培养一大批带头人、如何把农民组织起来、如何构建高质量的综合性社会化服务体系，实现小农户与农业现代化的有机衔接。①

现代农业是在现代化条件下发展现代农业、特色农业、创汇农业的“三大支柱”。产业体系的核心是资源配置和产业布局，生产体系的核心是提升农业生产力水平和生产效率，而经营体系的核心则在于完善农业生产关系，创新农业经营模式②。生产体系重在提升农业生产力，经营体系重在完善农业生产关系，二者又共同支撑现代农业产业体系的发展。

---

① 省政府决策咨询委员会委员袁甲业在吉林省贯彻落实党的十九大精神　加快建设现代农业三大体系学习研讨会上的发言［J］．吉林农业，2018（7）：20-21.

② 李含琳，李楠．构建“农业三大体系”是实施乡村振兴战略的关键［J］．甘肃农业，2018（2）：21-23.

第四节　构建"三大体系"，推动农业高质量发展①②③

当今世界，在产业体系上，现代农业已表现出由农业产前部门、农业产后部门和农业生产性生活性服务业的统一整体。在生产体系上，现代农业已呈现出在机械化基础上向自动化、智能化以及机械化、自动化、智能化相结合的生产方式发展的基本态势，基因工程、生物技术等新兴农业科技与农业深度融合，工厂化农业、设施农业等工程技术在农业中大规模使用，农业生产的物质手段和技术创新水平日益提升，农业对自然的掌控程度和农业与自然的和谐程度日益提升，农业生产效率日益提高；在经营体系上，现代农业已展现出农业规模化经营、农业经营者素质提高、工商资本进入农业、农业日益扩大同资本市场和期货市场结合、城乡居民收入差距不断缩小等新的态势。着力构建现代农业产业体系、生产体系、经营体系，就是要把握和适应现代农业发展的这些新趋势，使我国现代农业建设更好地体现现代农业的内在要求，更好地体现现代农业的发展规律，推动我国现代农业建设和发展水平不断提高。

一、构建现代农业产业体系

农业产业体系是集食物保障、原料供给、资源开发、生态保护、经济发展、文化传承、市场服务等产业形式于一体的综合系统，是多层次、复合型的产业体系。现代农业产业体系是衡量现代农业整体素质和竞争力的主要标志，核心是解决农业资源的市场配置和农产品的有效供给问题。当前农业产业体系面临的问题主要表现在：一是农业产业链条较短；二是农产品流通体系不健

① 穆月英．多举措推进现代农业"三大体系"加快完善［J］．国家治理，2019（2）：23-27.
② 李含琳．我国不同区域现代农业三大体系构建战略探讨［J］．甘肃理论学刊，2018（3）：5-11.
③ 刘迎军．聚焦产业兴旺　构建现代农业"三大体系"［N］．各界导报，2018-08-08（003）.

全。构建现代农业产业体系，党的十九大报告强调了两个方面的内容：一方面，完善农业支持保护制度，主要是改革完善财政补贴政策，深化粮食收储制度和价格形成机制改革，完善农村金融保险政策和农产品贸易调控政策，保护和调动农村积极性，促进农业产业健康发展；另一方面，促进农村一二三产业融合发展，主要是调整优化农业产品结构、产业结构和布局结构，挖掘农业的生态价值、休闲价值、文化价值，加快发展乡村旅游等现代特色产业，延长产业链、提升价值链，实现一产强、二产优、三产活。推动一二三产业融合发展，发展多类型农村产业融合方式，培育多元化农村产业融合主体，完善多渠道农村产业融合服务，完善利益联结机制，推进农业与旅游、教育、文化、物流等产业深度融合，积极培育分享农业、定制农业、创意农业、养生农业、会展农业等新业态，着力构建农业与二三产业融合的现代产业体系。同时，应优化农业重点产业区域布局，充分发挥各地比较优势，因地制宜发展适应性农业，大力推进农业产业化经营，形成产业集群，提高农业综合效益。

二、构建现代农业生产体系

农业生产体系是先进科学技术与生产过程的有机结合，是衡量现代农业生产力发展水平的主要标志，核心是解决农业的发展手段、动力和活力问题。当前我国农业生产普遍面临的问题是：耕地等资源紧缺、农业劳动力年龄偏大、对化肥等化学物质投入方面的管控有待加强和农业基础设施的不完善等。

构建农业生产体系还要注重以现代要素替代传统要素，用技术进步替代传统生产要素，用“工业思维”来发展农业生产。加大对农业从业人员生产技能的培训，培养产品意识、竞争意识和品牌意识，提高经营管理能力，提升科学素养，形成一支高素质农业生产经营者队伍。结合当前的农产品质量安全对策合理控制、施用化肥和农药。强化农业技术推广，让技术优势转化为农业生产优势，从而提高农业生产的现实生产力。

构建现代农业生产体系，主要是用现代物质装备武装农业，用现代科学技术服务农业，用现代生产方式改造农业，推进农业科技创新和成果应用，提高农业良种化、机械化、科技化、信息化、标准化水平，增强农业综合生产能力和抗风险能力。

三、构建现代农业经营体系

农业经营体系是新型农业经营主体、新型职业农民与农业社会化服务体系的有机组合，是衡量现代农业制度化、组织化、社会化、市场化程度的主要标志。当前我国农业经营体系面临的问题主要是农业经营规模整体偏小、农业生产的比较利益低下等。

构建农业经营体系，主要是发展多种形式适度规模经营，构建以农户为基础、新型经营主体为骨干、其他组织形式为补充的立体式复合型现代农业经营体系。大力培育新型职业农民和新型经营主体，培育小农户成为职业化农民。健全农业社会化服务体系，推进农业生产性服务发展，提高农业经营集约化、组织化、规模化、社会化、产业化水平。党的十九大报告指出，发展多种形式适度规模经营，培育新型农业经营主体，健全农业社会化服务体系，实现小农户和现代农业发展有机衔接。这些表述涵盖了现代农业经营体系的主要内容。构建现代农业经营体系，一是大力发展多种形式的规模适度经营，推进农村土地承包经营权确权登记颁证，强化土地承包经营权纠纷调解仲裁，发展适度规模经营。二是积极培育新型职业农民和新型农业经营主体，积极发展农业职业教育，健全职业农民扶持制度，引导和支持种养大户、家庭农场、农民合作社、龙头企业等发展壮大，并使其逐步成为发展现代农业的主导力量。三是健全农业社会化服务体系，大力发展农业产前产中产后服务业，积极发展配套设施服务，鼓励发展农业新业态的经营模式，积极实现小农户和现代农业发展有机衔接。四是壮大农村集体经济，深化农村集体产权制度改革，建设农村集体资产管理平台，推进经营资产折股量化，实现资源变资产、资金变股金、农民变股东。拓宽农村集体经济发展渠道，创新经营理念，提升农村集体经济发展水平。

第五章　农业高质量发展与新型农业经营主体

现代农业的一个显著特征就是运用现代先进的物质、技术和管理去经营农业，使农业各种资源要素得以高效高质利用。农业经营主体是乡村振兴的实践主体，乡村振兴必须依靠合适的农业经营主体才能实现①。新型农业经营主体是农村先进生产力的代表和现代农业发展的中坚力量，是推进乡村振兴战略和农业高质量发展的重要抓手。截至 2018 年底，全国纳入各级农业部门名录管理的家庭农场近 60 万户，依法登记的农民专业合作社 217.3 万家，经县级以上农业产业化主管部门认定的龙头企业 8.7 万家，农业社会化服务组织 31.2 万个②。

第一节　新型农业经营主体概念

农业经营主体一般是指直接或间接从事与农产品相关的生产经营的人或者组织。相对于传统的、分散的小农经营组织，新型农业经营主体在物质装备条件、经营规模和经营管理水平上具有优势。一般来讲，新型农业经营主体主要

① 王文龙．地区差异、代际更替与中国农业经营主体发展战略选择［J］．经济学家，2019（2）：82-89.

② 本刊评论员．乡村产业振兴，必须壮大新型农业经营主体［J］．农村经营管理，2019（8）：1.

有农业合作社、农业龙头企业、种养大户、家庭农场等。与传统的农业经营主体相比，新型农业经营主体的优势主要体现在规模经营、专业化集约化经营、市场化程度和主体综合素质等方面。[①]

2013 年党的十八大报告提出，要坚持和完善农村基本经营制度，依法维护农民土地承包经营权、宅基地使用权、集体收益分配权，壮大集体经济实力，发展农民专业合作和股份合作，培育新型经营主体，发展多种形式规模经营，构建集约化、专业化、组织化、社会化相结合的新型农业经营体系。2017 年党的十九大报告进一步提出，要构建现代农业产业体系、生产体系、经营体系，完善农业支持保护制度，发展多种形式适度规模经营，培育新型农业经营主体，健全农业社会化服务体系，实现小农户和现代农业发展有机衔接。新型农业经营主体，就是应对农村出现的新的生产经营模式、新的业态，在完善家庭联产承包经营制度的基础上，所出现的有文化、懂技术、会经营的职业农民和规模经营较大、集约化程度较高和市场竞争力较强的新型农业经营组织。

农村地区经济转型和升级需要政府、社会、农村各类经济组织共同参与，形成农村地区经济发展多元化主体局面。对于新型农业经营主体而言，不仅承担起市场与小农之间的平台作用，同时也为农村地区其他经济组织起到纽带作用，通过要素支撑和社会化服务有力地促进了农村地区经济发展[②]。构建新型农业经营体系，大力培育专业大户、家庭农场、专业合作社等新型农业经营主体，发展多种形式的农业规模经营和社会化服务，有利于从组织上推进现代农业进程，促进农业高质量发展。

---

① 古桂琴．转型时期新型农业经营主体发展研究［J］．许昌学院学报，2019，38（3）：130-133.

② 陈淑玲，侯代男．新型农业经营主体的培育与农村地区经济转型升级问题研究［J］．农业经济，2019（7）：30-32.

第二节　新型农业经营主体的定位①②

农村的发展和振兴始终是党和国家的重要任务。党的十八大、十九大均提出了培育新型农业经营主体的要求。乡村振兴等战略的实施，有力地推动了我国农村地区经济转型升级。对于新型农业经营主体而言，不仅为小农经济发展提供了平台，同时也为农村地区其他经济组织起到纽带作用，通过要素支撑和社会化服务有力地促进了农村地区经济发展。

一、新型农业经营主体是小农户发展的结果

新型农业经营主体与小农户具有相同的出身，它是小农户适应现代农业要求而发展起来的，是小农户的不同生产经营的组合，小农户通过组合转型成为新型农业经营主体，扩大经营规模而成为现代化的农业生产组织。当前，我国新型农业经营主体能够对小农户起到辐射带动作用，进一步提升规模化经营水平，也能为小农户提供有效载体、实现市场与小农户之间的有效衔接作用。

二、新型农业经营主体是带农惠农的主要力量

通过订单收购、保底分红、二次返利、股份合作、吸纳就业等不同方式，新型农业经营主体带动小农户的社会化生产经营，帮助小农户闯市场，形成带动小农户共同发展的多种力量。

---

① 陈淑玲，侯代男．新型农业经营主体的培育与农村地区经济转型升级问题研究［J］．农业经济，2019（7）：30-32.

② 陆福兴．小农户社会化的依托是新型农业经营主体［J］．农村经营管理，2019（6）：47.

三、新型农业经营主体是农业社会化服务的主要力量

在农业现代化建设过程中，不仅要充分发挥自身职能和优势，同时还需要面向整个农业产业链的更为完善的社会化服务。在农业生产各个环节，新型农业经营主体都能够提供指导和服务，而这种服务能够有利于推进整个农业产业链提档升级，同时也会直接刺激和推动农村地区经济转型升级，进一步提升农村地区资源配置和利用效率。

四、新型农业经营主体是小农户资源社会化的载体

新型农业经营主体可以吸纳小农户的土地经营权、林权等入股，采用农民负盈不负亏的分配机制，带领小农户统一生产、统一营销，互通信息共享技术，共同创造品牌，为小农户的融资提供担保，形成与小农户互赢互利的利益共同体。

第三节　农业经营主体的类型比较

党的十八大报告强调“坚持与完善农村基本经营制度，大力发展并培育多种形式的经营主体，构建专业化、集约化、社会化与组织化相结合的新型农业经营体系”。十八届三中全会进一步指出“坚持家庭经营的基础性地位，推进合作经营、企业经营、集体经营、家庭经营共同发展的创新经营模式，加快构建新型农业经营体系”。2016 年中央一号文件指出“以农户家庭经营为基础，创新土地流转与规模经营方式，为新型经营主体创建良好的政策与法律环境”。构建集约化、专业化、组织化、社会化相结合的新型农业经营体系，既是农业高质量发展的客观需要，也是加快现代农业发展的重要举措。党的十九

大报告进一步强调要“发展多种形式适度规模经营，培育新型农业经营主体”。在农业现代化政策的大力推动下，近几年国内进行了形式多样的农业经营体系创新。当前，普遍存在传统小农、专业大户、家庭农场、农民专业合作社与农业企业等经营主体，其中后三者属于新型农业经营主体①，如表 5-1 所示。

表 5-1　农业经营主体的类型比较

	传统小农	专业大户	家庭农场	农业企业
经营规模	1~20 亩	20~50 亩	50~500 亩	>500 亩
土地来源	以自有土地为主，私下流转为辅	以私下流转为主，自有土地为辅	以正规流转为主，自有土地为辅	完全依靠正规流转
劳动力来源	完全依靠自有劳动，偶尔会有邻里间换工互助	以自有劳动为主，较少雇佣劳动	以自有劳动为主，雇佣劳动为辅	以雇佣劳动为主，较少自有劳动
机械化程度	机械化程度较低，采取自我剥削型劳动	机械化程度一般，采取自我剥削型劳动	机械化程度较高，采取剥削型与节约型劳动	机械化程度较高，采取节约型劳动
土地细碎化	自有承包地细碎化程度严重，耕种极为麻烦	私下流转土地细碎化程度较高，耕种较为麻烦	正规流转土地细碎化程度较低，耕种较为便利	正规流转土地细碎化程度极低，耕种极为便利
资本来源	以自有资本为主，没有借贷需求，以维持生计为目标	以自有资本为主，有较低的借贷需求，以剩余积累为目标	外投资本与自有资本相结合，有一定的借贷需求，以剩余积累为目标	以外投资本为主，有较大的借贷需求，以较高的剩余积累为目标
管理水平	基本依靠生产性劳动，管理性劳动较低	以生产性劳动为主，管理性劳动为辅	管理性劳动与生产性劳动相结合	以管理性劳动为主，生产性劳动较低

张红宇（2016）认为，新型经营主体主要包括家庭经营型、合作经营型、集体经营型、企业经营型四大类。按照其在生产经营中表现出来的组织形态，也可以分为种养大户和家庭农场、合作社、龙头企业、社会化服务组织、新农

① 张新文，高啸．农业经营主体的类型比较、效益分析与进路选择［J］．现代经济探讨，2019（3）：101-107.

人等类型。①

种养大户和家庭农场在农业生产经营活动中发挥着基础性作用，是粮食等重要农产品生产的生力军。这类主体既是种养结构调整、家庭经营向集约化方向转变的骨干力量，又为提高生产经营的组织化、社会化水平提供了坚实的微观基础。

农民合作社集生产主体和服务主体于一身，融普通农户和新型主体为一体，具有联系农民、服务自我的功能。农民合作社自身既能根据市场需求做出有效响应，也能发挥传导市场信息、统一组织生产、运用新型科技的载体作用，把分散的农户组织起来，按照市场需求生产优质产品，还能让农户享受到低成本、便利化的自我服务，有效弥补了分散农户经营能力的不足。

龙头企业和各类农业企业产权关系明晰、治理结构完善、管理效率较高，在高端农产品生产方面有显著的引导示范效应。通过把纷繁复杂的消费需求转化为明确的农产品种养、加工、销售决策信息和生产订单，自身能够生产中高端农产品，也能带动普通农户和其他经营主体有效对接市场。

农业社会化服务组织可以为农业生产经营主体提供服务和支撑，自身经营活动也是农业生产经营中的一部分。农业社会化服务组织提供服务的过程，就是把新产品、新技术、新装备导入农业生产的过程。

新农人是近年来涌现的一个新群体，他们秉持生态农业理念，运用互联网思维和手段，发展农产品直供直销，为消费者提供安全优质农产品，是新型农业经营主体中的一种新类型。通过网络平台推动了农产品流通方式变革，形成以市场为导向、融合“互联网+”、绿色发展的生产组织方式。

推动农业高质量发展、农村地区经济转型和升级，需要政府、社会、农村各类经济组织共同参与。在农村地区经济发展过程中，新型农业经营主体不仅为小农经济发展提供了平台，同时也为农村地区其他经济组织起到纽带作用，通过要素支撑和社会化服务有力地促进了农村地区经济发展②。

① 张红宇．新型农业经营主体与农业供给侧结构性改革［J］．中国农民合作社，2016（6）：9-10.

② 陈淑玲，侯代男．新型农业经营主体的培育与农村地区经济转型升级问题研究［J］．农业经济，2019（7）：30-32.

第四节　推动农业产业化联合体发展

我国的农业经营体系经历了多重阶段的转变，如上文所述的家庭农场、农民合作社、新农人和龙头企业等。近些年为了顺应发展的新形势，新型农业经营主体之间产生了一种新的形态，即农业产业化联合体。农业产业化联合体是由一家龙头企业牵头、多个农民合作社和家庭农场参与、用服务和收益联成一体的产业新形态，是农业产业化发展到新阶段的必然产物。目前，农业产业化联合体已成为乡村振兴战略、农业高质量发展的新的着力点。在新时代，农业产业联合体围绕主导产业、主导品牌组织生产经营，共同享受品牌带来的收益，提升了市场主导作用；解决了农户从事农业生产的资金、技术、销售市场、社会化服务等一系列问题，加强合作社服务功能；将农业产前、产中、产后各个生产环节紧密连接起来，促进一二三产业融合发展，扩大产业链覆盖范围①。

各经营主体建立了基于产业链或价值链专业化分工体系，其中，龙头企业是现代农业生产经营要素和经营模式向农业输送的重要通道，也是发展现代农业的核心，发挥了引领示范作用；合作社作为纽带提供社会化服务；家庭农场、种养大户是基础，承担了流转土地和精耕细作的任务。各类新型经营主体通过“一体化”的形式有机结合起来，优化了要素配置，摊薄了生产成本，增强了市场竞争力，实现了经济、社会和生态效益均衡②。

2017 年 10 月，农业部、国家发展改革委、财政部、国土资源部、人民银行、税务总局联合印发《关于促进农业产业化联合体发展的指导意见》，指出农业产业化联合体是龙头企业、农民合作社和家庭农场等新型农业经营

① 王凯，高美玲．新时代农业产业化联合体发展研究［J］．乡村科技，2018（36）：29-30.

② 孙正东．现代农业产业化联合体运营效益分析——一个经验框架与实证［J］．华东经济管理，2015，29（5）：108-112.

主体以分工协作为前提，以规模经营为依托，以利益联结为纽带的一体化农业经营组织联盟。在培育和发展农业产业化联合体过程中，要把握基本特征，坚持市场主导、农民自愿、民主合作、兴农富农的原则，成熟一个、发展一个。强调要建立多元主体分工协作机制，增强龙头企业带动能力，提升农民合作社服务能力，强化家庭农场生产能力，完善内部组织制度，组建农业产业化联合体①。

当前，农业产业化联合体发展过程中也面临着一系列问题。主要是：地方政府重视程度不够，发展资金保障不力；社会化服务体系不完善；龙头企业分布不均，农业产业化联合体区域发展不平衡；龙头企业引领不够，农业基础设施建设滞后；农业产业化联合体民主合作不充分，产业链发展不协调等。

党的十八大报告提出了发展多种形式规模经营，构建集约化、专业化、组织化、社会化相结合的新型农业经营体系是今后一个较长时期内中国农业经营主体演化的基本原则和方向，必须强化地方政府作用，培育农业产业化联合体。加快建立和完善各地农业产业化联合体培育发展的相关指导意见，逐步建立和完善农业产业化联合体各经营主体在农业科技研发、农产品精细加工、农用物资获取等方面的优惠办法和扶持措施。提升各经营主体能力，建设优质农业产业化联合体品牌，打造系列农产品知名品牌，让龙头企业、农民合作社、家庭农场等各经营主体都拥有优秀知名品牌②。强化现代农业利益联结机制，使龙头企业、专业合作社、家庭农场及专业大户各个经济参与主体之间形成“利益共享，风险共担”的经济共同体。积极推进联合体内部各产业链主体之间的分工协作，以区域优势农业资源为基础，实现产业的紧密联结，使农业生产向加工、储藏、流通等环节延伸，形成链条完整、上下游协作紧密、辐射带动能力强、运营效益好的农业产业集群③。

---

① 参见 http：//www. gov. cn/xinwen/2017-10/26/content_5234551. htm。

② 周艳丽．乡村振兴战略下农业产业化联合体的培育发展研究［J］．农业经济，2019（4）：27-28.

③ 孙正东．现代农业产业化联合体运营效益分析——一个经验框架与实证［J］．华东经济管理，2015，29（5）：108-112.

第五节　实现小农户和现代农业发展有机衔接

“我国目前有 2.6 亿农户，6 亿多人生活在农村，其中 2.3 亿户是承包农户。”① “小农户”是小规模经营群体，是在特定资源禀赋下以家庭为单位、集生产与消费一体的农业微观主体。习近平总书记在党的十九大报告中明确提出要“实现小农户和现代农业发展有机衔接”。2018 年中央一号文件就“促进小农户和现代农业发展有机衔接”进行了决策部署。促进小农户和现代农业发展有机衔接，直指构建现代农业产业体系、生产体系、经营体系的薄弱环节，对于推动农业发展的质量变革、效率变革、动力变革，将起到重要的作用，应多管齐下促进小农户和现代农业发展有机衔接。

事实证明，现代小农户已经不是传统自给自足的兼业小农，而是专业化的商品生产者。小农户经营规模虽然小，但也是现代化社会体系之中不可忽视的一个组成部分。小农户追赶上现代化的步伐并实现自身的现代化转型，是中国乡村振兴战略和农业高质量发展的客观需要，也是小农户自身发展的必然趋势。当前，新型农业经营主体已成为小农户社会化的依托，是带领小农户走市场的重要力量。农村新型农业经营主体通过带动小农户的社会化生产经营，形成与小农户互赢互利的利益共同体，成为小农户社会化的载体，引导小农户进入现代农业产业体系。通过新型农业经营主体，小农户可以实现自身的联合、联营、转型发展，加快社会化进程。②

要实现小农户与现代农业对接，必须遵循结构主义范式，全面推进产权制度、生产耕作制度、交易制度和收入分配制度等与小农户经营相关的制度创新③。

---

① 韩长赋．积极推进小农户和现代农业发展有机衔接［J］．农业工程技术，2018，38（3）：8-10.

② 陆福兴．现代化改造：乡村振兴进程中小农户发展的方向［J］．浙江学刊，2019（3）：30-35.

③ 阮文彪．小农户和现代农业发展有机衔接——经验证据、突出矛盾与路径选择［J］．中国农村观察，2019（1）：15-32.

第一，要积极支持发展农业生产性服务业。探索促进农业生产性服务业发展的新路径，将鼓励小农户通过使用农业生产性服务加快发展方式转变，同支持农业生产性服务机构培育市场结合起来。第二，要发挥工商资本和新型农业经营主体对小农户与现代农业有机衔接的带动作用。鼓励现有的农业生产性服务主体推进转型升级，增强面向小农户提供农业生产性服务的能力，增强农业生产性服务业支持政策的系统性、协同性和可持续性。第三，提升小农户与现代农业发展有机衔接的能力。把人力资本开发放在首要地位，大力培育新型职业农民，加强农村专业人才队伍建设、创新乡村人才培育引进机制等①。

① 姜长云．促进小农户和现代农业发展有机衔接是篇大文章［J］．中国发展观察，2018（Z1）：47-50.

第六章　农业高质量发展与新生代农民工返乡创业

就业是民生之本，农民工就业问题一直是党和政府工作的重点。随着供给侧结构性改革的不断深入，为新生代农民工提供了大量就业机会的传统产业面临着资源整合、淘汰落后产能的挑战。如何帮助供给侧结构性改革中的农民工特别是新生代农民工找到新的职业发展方向、促进其就业就成为亟待解决的问题。

第一节　新时代农民工就业转型研究现状

一、当前的研究

一是新生代农民工就业方面，主要集中在三个方面：

农民工市民化的角度：从自身素质、生活方式和思想观念方面进行研究，考察农民工代际间存在的差异并提出市民化的途径和政策建议（朱思慧，2012）。从政策统筹上进行研究，分析新生代农民工市民化过程中存在的问题及影响因素，实现由生存型就业向发展型就业状态的转化（孟宪生、关凤利，

2011；员金松，2013；高媛，2016）[①②③]。从城镇化进程的视角进行研究，认为实现了农民工市民化才算真正实现了城镇化，归纳影响新生代农民工市民化的障碍因素并提出相应的对策建议（任萱，2014）[④]。寻求与治理新生代农民工就业问题的契合之处，从协同治理的视角下提出对策性建议（侯洁，2014）[⑤]。农民工流动性的角度：流动是一个不断寻找更好发展机会的过程，但过于频繁的流动反而不利于他们自身的发展。分析对就业流动性的决定机制和影响，并提出相应的对策建议（符平、唐有财，2009；赵勋，2012；何惠亭，2015）[⑥⑦]。农民工就业能力提升的角度：就业能力的提升受到个人发展、家庭环境、社会环境以及政策制定等多种因素影响（李晓红，2009）[⑧]，在城市就业能力方面存在社会政策支持度不足、职业认同度不高、社会资本匮乏、人力资本存量较低、个体心理动力不足、工作流动性较高等问题（李鹏，2016）。

二是新生代农民工就业转型的研究，主要集中在以下几个方面：

辨析两者间关系，认为农民工为产业结构调整提供劳动力保障，而产业结构调整是保障和改善农民工就业工作中的重要环节（相征、赵鑫，2014）[⑨]。转型机制的影响因素，主要从宏观上通过实行区位梯度转移策略和劳动力转移策略、微观上提升农民工群体的综合素质为路径（丛林楠，2016）[⑩]，我国产

① 孟宪生，关凤利．市民化视角下统筹推进新生代农民工就业转型研究［J］．管理现代化，2011（6）：44-46.

② 员金松．城乡一体化建设中新生代农民工市民化问题研究［J］．河南科技学院学报，2013（11）：7-10.

③ 高媛．新生代农民工市民化问题研究［D］．华中师范大学，2016.

④ 任萱．城镇化进程中新生代农民工市民化问题研究［D］．山东理工大学，2014.

⑤ 侯洁．协同治理视角下新生代农民工市民化问题研究［D］．华中师范大学，2014.

⑥ 符平，唐有财．倒“U”型轨迹与新生代农民工的社会流动——新生代农民工的流动史研究［J］．浙江社会科学，2009（12）：41-47，126.

⑦ 何惠亭．新生代农民工就业流动轨迹及其政策研究［D］．华东理工大学，2015.

⑧ 李晓红．新生代农民工就业能力提升问题研究［J］．河南理工大学学报（社会科学版），2009，10（4）：588-593.

⑨ 相征，赵鑫．农民工市民化与产业结构升级的互动关系研究［J］．社会科学辑刊，2014（2）：122-125.

⑩ 丛林楠．“一带一路”战略下农民工劳工转型路径分析［D］．烟台大学，2016.

业转型升级和经济增长质量都要求劳动力具备转型所需的创造性、技能性等特征（凌云，2017），提出多元化培训体系，加强职业培训等提升路径建议（罗春尧，2017）。设法通过现实途径，在农村发展新产业、新业态，使乡村能够为农民提供更多不直接依赖于耕地的就业机会（陈锡文，2017）[①]。

三是以供给侧结构性改革为视阈研究新生代农民工就业转型，主要是：

从工程社会学的角度认为处理好“供给侧”结构性改革中农民工的转型问题，是改革取得成效的必要条件（梁军，2016）[②]。通过构建供给侧结构性改革中新生代农民工的就业转型结构模型，提出应创新整体治理机制、建构社会支持网络、提升心理资本、增强“人”的要素有效供给等（张宏如等，2018）[③]。新生代农民工普遍有利益诉求、情感诉求、发展诉求和认同诉求（史向军等，2018）[④]，要运用小组社会工作方法和加强培训等对策建议，力促农民工职业规划发展（王培华，2016）[⑤]。整体上看，目前我国就业质量总体偏低，各地区就业质量差异较大，但就业质量无论是总体差距，还是组内差距、组间差距，整体上都是逐年递减的趋势（孔微巍等，2017）[⑥]。

二、研究述评

通过以上对国内外相关文献的梳理，可以发现自 2010 年中央一号文件首次提出了“新生代农民工”后，对新生代农民工就业及转型等相关研究一直是学界的热点之一。迄今相关理论及应用研究较为成熟，但基于供给侧结构性

---

① 陈锡文．促进农村新产业新业态健康发展　推进农业供给侧结构性改革不断深化［J］．现代农业装备，2017（3）：8.

② 梁军．“供给侧”改革中的农民工［N］．光明日报，2016-04-20（015）.

③ 张宏如，刘艳，彭伟．心理资本对创业精神的影响——基于新生代农民工的实证分析［J］．中国科技论坛，2018（5）：151-157.

④ 史向军，李洁．新生代农民工发展与保障问题研究［J］．山东社会科学，2018（1）：183-187.

⑤ 王培华．供给侧结构性改革背景下新生代农民工职业规划问题研究［J］．武汉商学院学报，2016，30（6）：75-78.

⑥ 孔微巍，廉永生，张敬信．我国劳动力就业质量测度与地区差异分析——基于各省市 2005—2014 年面板数据的实证分析［J］．哈尔滨商业大学学报（社会科学版），2017（6）：3-15.

改革大背景下的新生代农民工就业转型的研究仍比较少。主要原因是虽然“供给侧”在经济学领域并不是一个新鲜词汇，但一直未受到足够重视，直至中央领导首次提出“供给侧结构性改革”后方引发多方热议。供给侧结构性改革背景下，在传统产业优化升级、新兴产业迅猛发展的产业结构调整过程中，农民工就业难和城市用人单位用工荒的矛盾以及农民工结构性失业与新兴产业人才短缺的矛盾逐渐突出，农民工就业问题成为摆在产业结构调整和经济发展过程中的重要难题。随着乡村振兴战略的实施，农民工特别是新时代农民工成为乡村振兴的一支重要力量。在国家政策的大力支持下，积极探索农民工返乡创业助推乡村振兴的有效实践，为此，应构建科学高效的农民工返乡创新创业支撑体系，不断增强农业农村发展活力。

第二节　当前农民工面临的新形势

农业从高速增长阶段转向高质量发展阶段是划时代的变化。当前，农民工群体面临着一系列的新变化。[①]

一、就业招工“两难”成为常态

经济增速放缓，给农民工就业总量增长带来压力，就业招工“两难”的结构性矛盾将成为常态。从近年情况看，农民工总量增速下降，正从无限供给向有限供给转变，不再是取之不尽的劳动力“蓄水池”。一方面，农民工就业正从以总量压力为主向“两难”结构性矛盾突出转变；另一方面，农民工招工难正从东部向中西部蔓延，从季节性向常年性转变。

① 资料来源：http：//www.chinajob.gov.cn/c/2018-12-17/82387.shtml。

二、农民工工资收入增长放缓

农民工工资收入将由以往的大幅增长转向随着劳动生产率的提高而稳步增长。20 世纪后半叶，“亚洲四小龙”经济崛起，经历了低工资拉动经济起飞、工人要求加薪和企业要求转型、产业升级和工资增长良性互动三个阶段，我国正处于从第二阶段向第三阶段演进的过程中。“十二五”前期，外出农民工月均收入年增长达 20%左右，进入中后期逐渐下降到个位数，2013~2015 年外出农民工年收入增长率分别为 13.9%、9.8%和 7.2%。从行业情况来看，交通运输和建筑业农民工收入相对较高，批发零售和住宿餐饮业农民工收入相对偏低。

新生代农民工调查结果表明，农民工收入虽然整体提高，但总体上仍属于低收入群体，78%的农民工月收入在 5000 元以内，30.47%的农民工月收入在 1000~3000 元；除 32.47%的农民工月收入略有增长之外，42.09%的农民工月收入基本没有变动，还有 11.53%的农民工月收入略有降低。

三、产业升级倒逼农民工提升技能

经济结构优化推动产业升级，产业升级倒逼农民工技能提升和从事新业态。在 2002~2012 年经济扩张周期中，农民工大量进城的外部因素和城市大量用工的内部需求交错在一起，大批农民工来不及学习技能，就被吸引到中低端岗位中。2013 年以来，我国经济增速放缓，新增农民工数量下降，与经济转型中出现的新业态以及技能提升要求交错在一起。这次交错恰恰是产业升级倒逼农民工技能提升和从事新业态。国际经验和我国实践证明，职业技能培训是以较少投资较快提升职业素质的现实途径。德国、日本等制造强国的秘密武器就是有一大批熟练的技工。

随着第三产业比重超过第二产业，农民工也将进入发展的新时代，预计到 2020 年，我国农民工发展将出现从量的增长到质的提升的拐点；农民工总量将接近3亿人，农民工将进入技工时代，无技能上岗的现象将逐步消除，大多数农民工能够享受到城市的基本公共服务。到2035年，我国农民工市民化将走向高峰，城市公共服务将全覆盖农民工，农民工将成为知识型、技能型和创业型劳动者，形成支撑制造业强国和现代服务业的技能人才队伍。

第三节　农民工回流规模明显增加

高质量发展是对以前粗放式发展的修正，是对发展综合效益而不是单纯速度和规模的追求。在这个目标导向下，一定程度的经济增速放缓、产业结构调整都会传导至农民工群体的行为选择上，再加之新农村建设和返乡创业政策的支持，当前我国出现了规模较为明显的农民工回流现象，跨省农民工流动持续减少。从2013~2017年外出农民工增速及相关比重可以看出，近年来我国外出农民工增速及外出农民工占农民工（包含本地农民工）总量的比重呈逐渐下降的趋势，省内流动农民工占外出农民工的比重呈逐渐上升的趋势。需要解释的是，2017年外出农民工增速1.5%，虽高于前几年的增速，但2017年农民工总量增加，增速1.7%，本地农民工增速2.0%，外出农民工增速明显慢于本地农民工。2018年针对西部地区的农民工的一次问卷调查显示，回流农民工占22.7%，外出农民工有小部分虽暂未返乡但有返乡意愿。2018年底的追踪调查发现已有不少外出农民工选择提前返乡。从长期来看，外出农民工最终大多会选择返乡定居。从已有研究的截面数据来看，近年来回流农村劳动力的规模不断扩大，外出农民工回流比例持续增加。①

① 吴艳文，李蓓蓓．高质量发展背景下农民工回流问题探析［J］．理论导刊，2019（3）：59-63，71.

第四节　新生代农民工调研数据及分析

一、数据来源

笔者主要通过对湖北境内各地市的新生代农民工进行随机抽样调查与访谈，最终的有效数据为60份。根据人口比例，湖北17个地市基本上每个地市为3~4人。

二、数据统计

此次调研对象共60人，性别比例为37∶23，评价年龄为28.4岁，学历情况如图6-1所示。

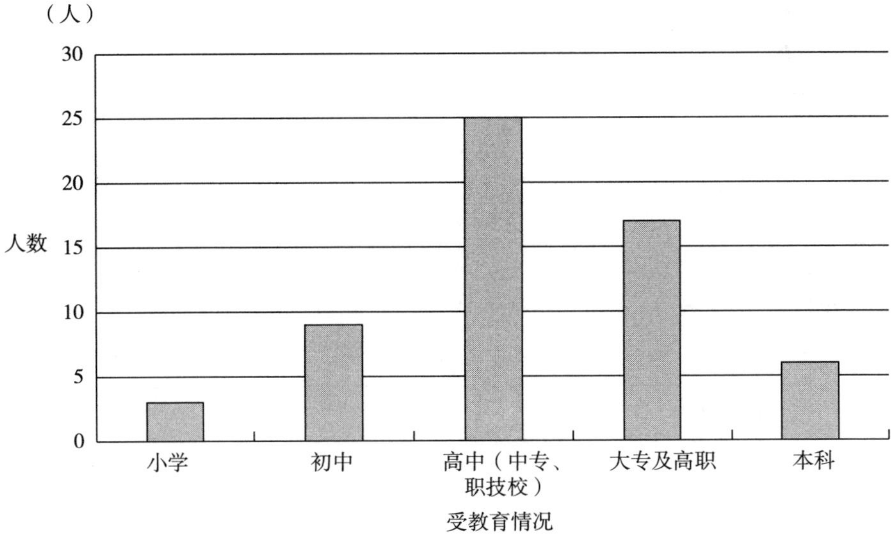

图6-1　新生代农民工受教育情况

调研对象目前所处的行业分布情况如图 6-2 所示。

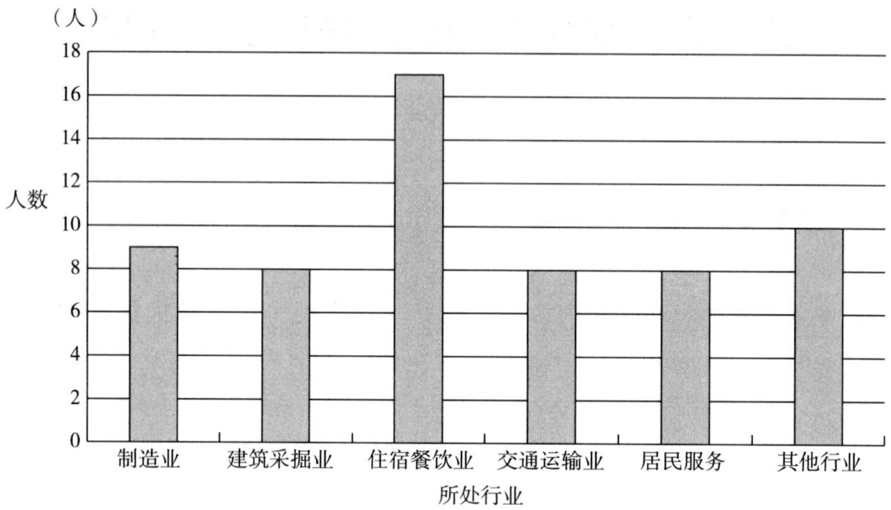

图 6-2　新生代农民工行业分布情况

利用李克特量表（Likert scale）对调研对象的就业满意度、培训满意度情况进行了统计（分别见图 6-3、图 6-4）。两方面均设计有"非常满意""满意"

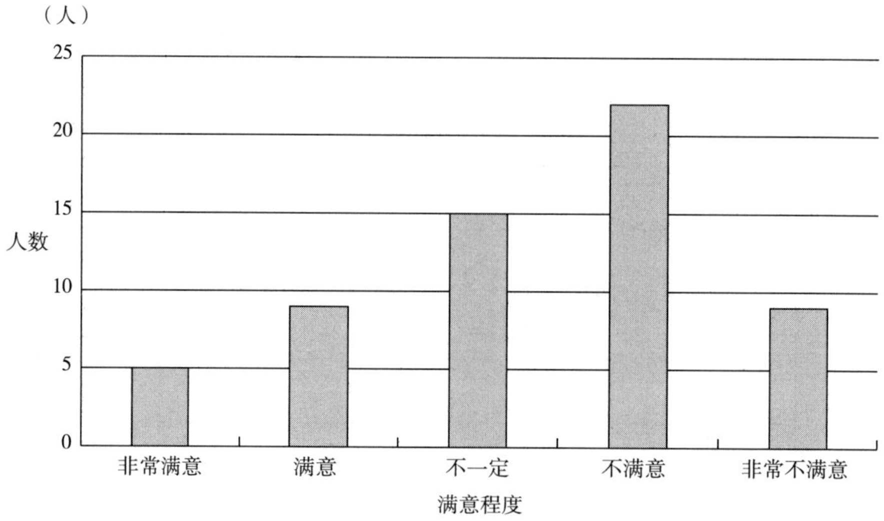

图 6-3　新生代农民工就业满意度情况

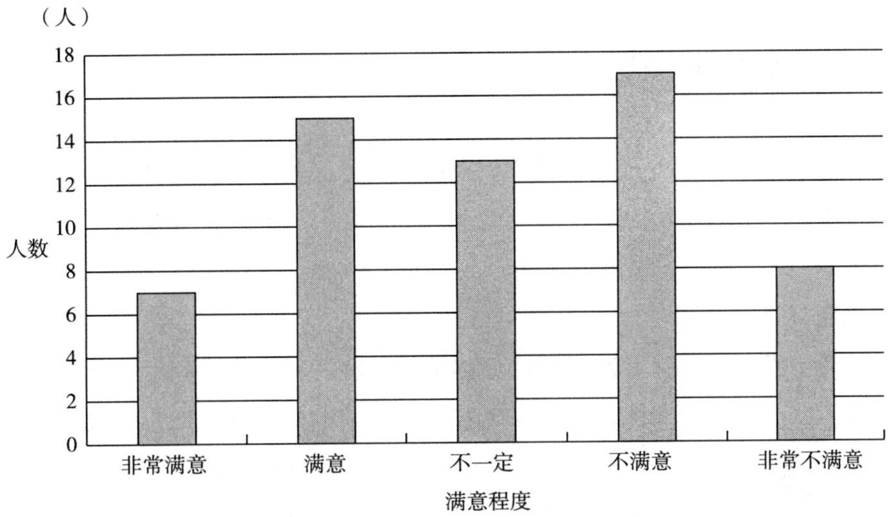

图 6-4　新生代农民工培训满意度情况

"不一定""不满意""非常不满意"五种回答，分别记为 5、4、3、2、1，以反映调查对象对就业、培训态度的强弱。

同时，对新生代农民工是否返乡创业情况进行了调查（见图 6-5）。

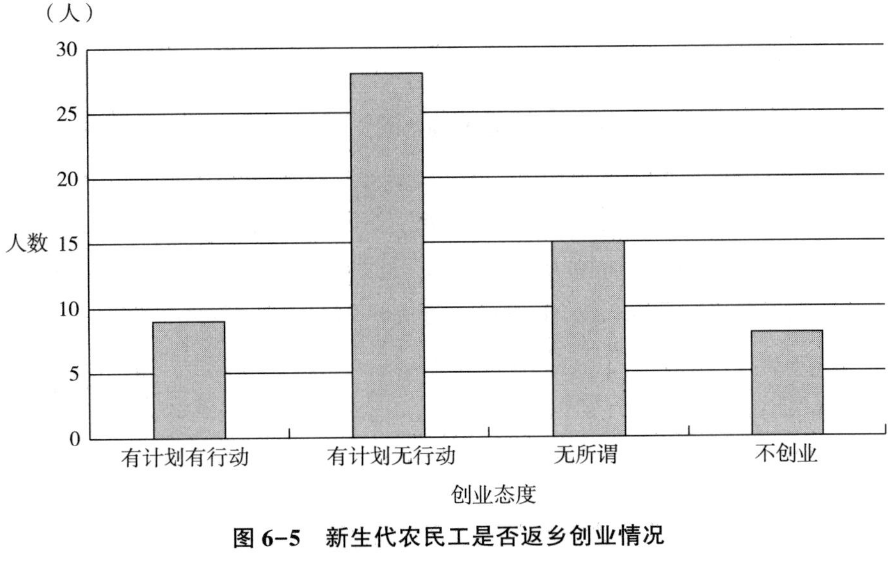

图 6-5　新生代农民工是否返乡创业情况

三、数据分析及访谈总结

通过调研，可以发现新生代农民工受教育水平比较理想（80%为高中及中职以上学历），大多数在第三产业就业（71.6%）。至少一半的人对目前的工作不满意（51.7%），接近一半的人对工作培训表示不满意（41.7%）。多数人有创业计划（61.7%）。

访谈中发现，农民工就业质量总体偏低，地区就业质量和行业就业质量差异较大，存在职业流动性大、工作超时、收入偏低等问题。父母等家人进城购房、户口、婚姻及子女上学等极大地影响了就业意愿。农民工普遍对城市生活的适应难度大，对所在城市的归属感有待提高。另外，受党的十九大提出的乡村振兴战略的激发，多数农民工返乡创业热情高涨，但囿于资金和技术等因素限制，大部分还是处于观望状态（46.7%），真正有计划有创业行动的仅占15%。

第五节　促进新生代农民工返乡创业推动农业高质量发展

一、提高新生代农民工的就业质量

供给侧结构性改革背景下，中央经济工作的重心是稳定经济发展速度、调整产业结构。国家应通过加强农民工职业培训、完善就业政策制度、强化农民工自身素质、积极推进农民工市民化等系列措施，提高农民工特别是新生代农民工的就业质量，来配合我国产业结构调整。

二、搞好新生代农民工的保障与发展

2015年，国务院办公厅印发《关于支持农民工等人员返乡创业的意见》，推动农民工等人员返乡创业。当前，应继续大力支持农民工等人员返乡创业，通过大众创业、万众创新使广袤乡镇百业兴旺，促就业、增收入，打开新型工业化和农业现代化、城镇化和新农村建设协调发展新局面。要加强统筹谋划，健全体制机制，整合创业资源，完善扶持政策，优化创业环境，全面激发农民工等人员返乡创业热情，全面汇入“大众创业、万众创新”热潮，加快培育经济社会发展新动力，催生民生改善、经济结构调整和社会和谐稳定新动能。

三、积极做好新生代农民工创业扶持工作

乡村振兴战略下，新生代农民工以创业带动就业，是农村劳动力转移的重要途径。农民工创业还普遍存在资金、能力、社会资源不足等困难，必须通过政府政策、企业、农民工自身的共同协作，形成扶持创业的合力。将国家和地方支持农民工返乡创业的优惠政策与精准扶贫、农副产品加工、乡村旅游开发、扶持小微企业、休闲农业等扶持政策有机结合，开辟返乡创业绿色通道。

四、制定有针对性的培训和技能提升政策

针对当前返乡农民工参与创业培训的行动力不足、经费来源渠道少、创业培训内容不合理、后续服务不到位、创业培训资源分散等问题，给返乡农民工投入创业活动和服务乡村振兴带来了较大的挑战，因此需建立多元化的创业培训经费筹措机制，科学设置创业培训内容，强化后续跟踪服务，整合培训资源等措施①，建立创业人才培训服务体系，聘请各行业专家进行现场授课和答疑，开展创业实训培训，提升返乡人员的创业素质。

① 何维英，覃兵．乡村振兴背景下返乡农民工创业培训的问题审视与路径构建［J］．机械职业教育，2019（7）：1-4，42.

第七章 农业高质量发展与农业产业结构调整

党的十六大报告指出，要加强农业基础地位，推进农业和农村经济结构调整，保护和提高粮食综合生产能力，增强农业市场竞争力。党的十七大报告提出，要加强农业基础地位，推进农业和农村经济结构调整，增强农业的市场竞争力。党的十八大以来，不断完善强农富农惠农政策体系，加快培育新型农业经营体系，产品结构、产业结构、布局结构进一步优化，农村新产业新业态蓬勃发展，新旧动能加快转换，农村一二三产业融合体系初步显现，农业供给侧结构性改革取得积极成效，农民收入进入快速增长新时期。党的十九大报告提出实施乡村振兴战略，通过明确土地承包关系稳定并长久不变、第二轮土地承包到期后再延长三十年，深化农村集体产权制度改革，支持和鼓励农民就业创业，健全乡村治理体系，揭开了中国“三农”发展的新篇章。

2018 年 3 月，习近平总书记在参加十三届全国人大一次会议内蒙古代表团审议时指出，推动经济高质量发展，要把重点放在推动产业结构转型升级上，把实体经济做实做强做优。习近平总书记的讲话为农业结构调整、推进农业高质量发展指明了方向。农业结构的改变对农业经济增长及农民收入的影响显著。[①] 农业结构调整有助于实现资源配置和农业系统的优化。研究结果表明，在 1979~2013 年，种植业结构调整促进种植业经济增长 106.87%，对种

① 刘丽辉．现阶段广东农业产业结构调整方向研究——基于改革开放以来的演变及动因分析［J］．广东农业科学，2014，41（5）：32-37.

植业经济增长的贡献度高达 45.75%；而结构调整对农林牧渔业的经济增长贡献度达 58.93%，其中 24.28% 来自产业间的结构调整，34.65%是来自产业内的结构调整。[①] 农业结构调整对农民增收的效应问题是中国农业结构战略性调整中最关键的问题，也是进行农业结构调整的根本目的所在。[②]

第一节　农业产业结构及阶段论

农业结构主要是指农林牧渔业之间及各产业内部的组成比例及其组合方式。农业产业结构是指一个国家或地区农业内部各生产部门的组成及其相互间的关系（包括种植业、林业、畜牧业、渔业）之间的产值构成及其内在关系[③]。市场经济核心是要发挥市场机制的作用，以市场为基础配置资源。但是，市场机制的形成和完善离不开政府的作用，政府在弥补市场失灵中也是不可缺少的。我国的国情和发展阶段也决定市场经济的成熟完善需要一个长期的历史过程，这就决定了政府在维护市场秩序、选择正确的发展战略、统筹安排国民经济的重大比例关系、引导国民经济的发展方向、促进经济社会的全面协调可持续发展等方面发挥不可替代作用。

无论是在过去的 40 年间，还是在未来的农业实现平衡、充分发展过程中，农业结构调整必然发挥且将持续发挥重要作用。

日本经济学家速水佑次郎提出世界农业发展的三阶段论：一是以增加生产和市场粮食供给为特征的发展阶段，该阶段居于主要地位的是提高农产品产量的政策；二是以着重解决农村贫困为特征的发展阶段，该阶段的主要政策是通

① 徐亚东．结构调整在农业经济增长中的贡献测算及未来调整方向［J］．农业经济，2019（4）：12-14.

② 陈锴．农业结构调整、农业多功能性与农民收入变化——基于长三角苏、浙、沪地区的实证研究［J］．经济问题，2011（11）：82-86.

③ 袁璋．我国中部地区农业产业结构演进及调整优化方向研究［M］．北京：中国农业科学院，2006.

过农产品价格支持提高农民的收入水平；三是以调整和优化农业结构为特征的发展阶段，该阶段的主要目标是农业结构调整①。我国经济学家孔祥智将我国改革开放后的农业结构调整分为五个阶段，分别是体制推动阶段、产业拉动阶段、市场引导阶段、战略性调整起步阶段、战略性调整深入推进阶段②。

第二节　农业产业结构调整主要动因分析

促使农业产业结构调整的动因有很多，如自然禀赋、农村区位优势、区域消费水平、政策制度、劳动力素质、科技水平等。

刘丽辉（2014）通过对改革开放35年中广东农业产业结构出现的四次比较明显的改变分析了广东农业产业结构演变的动因，认为第一次调整是政策驱动的典型代表，第二次调整是典型的市场需求拉动的结果，第三次调整是国内外市场需求变化及农业技术迅猛发展共同推动的结果，第四次调整则是多重因素共同作用的结果。③

秦德智等（2016）归纳了农业产业结构调整动因：④

一是需求的变化。需求为农业增长提供动力，需求的数量决定了农业生产的规模，需求的多样性决定了农业产业部门的多样性。农业产业结构会随着居民内需结构的变化而发生变化，从而提高了农村劳动生产率，促进资源的调整配置，改善了收入结构；而收入水平的提高以及收入结构的改善将使原有的需求结构再次变更，最终使农业产业结构进行调整。在外需方面，通过对外贸易也同样促使农业产业结构得到调整。

---

① 郭熙保，苏甫．速水佑次郎对农业与发展经济学的贡献［J］．经济学动态，2013（3）：101-108.

② 孔祥智．农业政策学［M］．北京：高等教育出版社，2014.

③ 刘丽辉．现阶段广东农业产业结构调整方向研究——基于改革开放以来的演变及动因分析［J］．广东农业科学，2014，41（5）：32-37.

④ 秦德智，邵慧敏．我国农业产业结构调整动因分析——基于扩展的柯布—道格拉斯生产函数［J］．农村经济，2016（5）：59-63.

二是生产要素的投入。劳动力、资金、技术会更多地流向经济效益较高的产业领域，同时劳动力转移带来的收入增加，进一步导致需求结构的变化，从而引起农业产业结构的变动调整。

三是制度的变更。土地制度、农产品流通制度以及户籍改革分别通过土地的规模化和集约化、市场供求信息和劳动力转移，促使农业产业结构得到调整。

第三节 我国农业结构调整的几个阶段

刘媛媛（2016）认为，改革开放前是农业产业结构混乱阶段，1978~1984年是增量为主的农村产业结构调整阶段，1985~1991年是非农产业快速发展阶段，1992~1997年是产量、质量、效益相统一阶段，1998~2003年是基于市场需求的农业产业结构调整阶段，2004~2014年是基于可持续发展的农业产业结构调整。[①]

改革开放以前，我国农业实行“以粮为纲”的生产方针，主要目的是解决温饱问题。冯明亮（2016）认为，改革开放以来，外部市场和制度条件以及农业自身发展的目标的变化，我国农业生产结构出现了多次深刻调整。改革开放以来农业结构调整变化的历史过程大致可分为以下几个阶段[②]：

一、1978~1985年

1981年中共中央、国务院转发了国家农委《关于积极发展农村多种经营的报告》，提出了“绝不放松粮食生产，积极发展多种经营”的调整方针。之

① 刘媛媛. 中国农业产业结构调整历程及效果研究［J］. 农村经济与科技，2016，27（24）：71-72，85.

② 冯明亮. 我国农业结构调整的经验与启示（上）［N］. 中国经济时报，2016-07-25（004）.

后连续3年的中央一号文件从国家需求、资源条件、劳动就业、农民收入等方面考虑，继续坚持这一调整思路。

二、1985~1998年

1985年中央一号文件将流通体制逐步引入市场机制，成为这一时期引导结构调整的改革重点。1993年《中共中央关于建立社会主义市场经济体制的决定》进一步强调，“要适应市场对农产品消费需求的变化，优化品种结构，使农业朝着高产、优质、高效的方向发展”。

三、1998~2003年

1998年党的十五届三中全会对农业发展形势作出了“粮食和其他农产品大幅度增长，由长期短缺到总量大体平衡、丰年有余，基本解决了全国人民的吃饭问题”的基本判断，把对农业和农村经济结构进行“战略性调整”作为新阶段农业和农村工作的中心任务。

四、2003~2012年

从2004年开始，中央一号文件重新聚焦“三农”问题。国家出台了一系列强农惠农富农政策，逐步建立了农业支持保护体系，通过对种粮农民直接补贴提高农民种粮积极性。政策再次明确了“推进农业结构战略性调整”。

2015年底的中国中央农村工作会议强调，要着力加强农业供给侧结构性改革，提高农业供给体系质量和效率，使农产品供给数量充足、品种和质量契合消费者需要，真正形成结构合理、保障有力的农产品有效供给。2017年党的十九大首次提出高质量发展后，2018年被定为“农业质量年”，拉开农业高质量发展的序幕。

第四节 当前农业产业结构存在的问题①②

一、农业生产结构单一，内部结构不合理

一直以来，在农业生产方面，种植业是我国的重点，忽视同步发展众多其他产业，造成了在农业发展中不协调的比例以及不同产业间发展的不均衡，在种植业中粮食作物比例较大，而因其播种面积居高不下便导致其他作物以及经济作物的播种面积得不到提升。对于市场所需求的品质来讲，产品品质还有待进一步提升，优质品率还较低，名优特产也较少，质量管理模式在标准以及规范方面还有待进一步健全。

二、农产品深加工不够

众多主导产业虽已在我国形成，但是需要注意的是在产业集中度上并没有达到需求，分散的生产基地尚不能满足大批量加工以及生产的需求，且就市场风险而言，抵御能力也较为低下；此外，在特色产品市场中，地方传统优势竞争力不佳，很难大批次地进入，那么规模效益也因小数量以及小规模而难以形成。归根结底，要想主导产业大规模集中生产经营，那么在现有的土地使用管理制度下还不太适应。与此同时，部分地区因缺少区域优势以及市场分析、资源整合等而盲目选择主导的产品与产业，争相效仿的现象层出不穷，造成产业以及基地分布均不够集中。另外，深加工的操作在农产品上比较匮

① 张海峰. 城镇化背景下农业产业结构调整与优化研究［J］. 农业经济，2019（7）：12-13.

② 胡琳卿，姚军. 基于供给侧改革的农业产业结构调整制约因素与优化［J］. 辽宁农业科学，2019（3）：66-69.

乏，在延伸产业链上的工作也做不到位。与全国的平均水平相比，农产品无论在一次加工还是在二次深加工的水平上都不高，大部分的产业还滞留在出口原料的时期。

三、商业经营模式不匹配

我国农产品对市场农业的观念尚不成熟，还停留在传统生产农业的范畴以及视野当中。依据满足和创造需求以及未来和市场需求来不断调整结构的方式便是市场链条。利用贩运户来将农产品向市场销售，需求者以及供给者之间因不健全的信息化网络而不能很好地连接起来，农产品的供销信息也不能快速地传达等。

我国农产品的生产与经营以小规模与分散化模式为主，在某种程度上，这是造成其经营成本高、收益低的另一主要原因。以农户与家庭为单位的小规模农业生产与经营模式相对落后，降低了其土地利用率，并增加了生产要素支出，对农业现代化发展而言弊端明显。此外，农业的分散化生产亦降低其经营格局的合理性，相关人员在制定农业发展规划与布局时整体性欠缺，很难做到对农业市场变化所需的及时适应，这会进一步削弱农业市场经营的竞争力，生产与经营过程中的商业模式固化严重。

四、市场结构不合理

近年来，我国粮食产量逐年增加，与之伴随的是农产品成本增速亦很快，国际大宗农产品价格总体表现出下降的发展态势，致使农产品国内价格比国际价格高，农业效益提高难度大。究其原因，根源在于我国农业市场结构不合理。以市场结构为依据，市场主体做出相应的市场行为，直接决定其市场绩效的优劣。农产品的差异化比较小，进入壁垒低而退出壁垒高，使农产品处于近乎完全竞争的市场环境中，这并不适于现代农业的发展。低市场竞争度削弱了农户在农产品交易及生产工具购买环节的议价能力，这与现代化农业发展所要求的规模经济效益背道而驰。此外，农产品的低差异化程度致使其需求弹性处于一个较低的水平，过度竞争也拉低了资源配置效率，农民自然难以获得理想的收益。产业组织中的种种不合理因素形成了对我国农业产业发展的制约，也是我国农业陷入困境的一个根本原因。

五、资源环境压力大

我国农业产业结构调整过程中还面临着来自资源环境的压力。近年来，我国人多地少的矛盾加剧，人均耕地、水资源及森林占有率分别仅有世界平均水平的1/3、1/4与1/6，且存在自然资源地域与时空分布不均衡、利用率不高的问题。在工业化与城镇化进程不断推进的背景下，农民的生产与生活方式发生了很大的改变。2017年，我国城镇化率已达到58.52%的高水平，城市人口连续7年超过农村人口，这是社会结构的重大变化，亦是我国成为近40年来城镇化率增速最快的国家之一的重要标志。然而在此过程中，我国能源与资源不断被消耗，耕地面积呈现出减少的发展态势，农业发展处于不容忽视的巨大资源环境压力中，在一定程度上制约着农业产业结构的调整与优化。

六、科技含量不高、科技人才匮乏

现如今在科技的运用、科研以及推广上，农业都尚不协调，部分方面还出现了脱节，含量较低的农产品加工技术以及匮乏的高素质科技人才等都造成了较为缓慢的传统向现代农业的过渡。其中表现较为突出的莫过于赶不上时代脚步的品种改良与培育，农民因不健全的体系、落后的农业设施，对现有的科技不能实时掌握，缺乏科技载体，对自然灾害无法抵御，农业科技人员较少等原因的存在，而较大程度地影响农业结构的调整。

第五节　加快产业结构转型升级，促进农业高质量发展

农业产业结构调整既是一个历史范畴，也是一个现实任务。农业产业结构调整合理与否，关系到我国农业高质量发展进程和“三农”事业的兴衰。

一、农业产业结构调整总的原则

农业产业结构可分为农业内部结构和农业外部结构。总体来说，农业产业中的各个分支对区域农业经济增长产生的影响与它的产值在农业总产值中占的比重是成正比的，即种植业对农业经济增长的影响最大，其余依次为牧业、林业、渔业。调整农业内部结构应该继续加大牧业、林业、渔业的支持力度。农业外部结构的转换趋势是由低级结构向高级结构转换，具有明显的成长特征，在国民生产总值总体提升的情况下，第二、第三产业的发展带动了第一产业与第二、第三产业交织于一体，农业生产机械化、科学化、规模化成为第一产业发展的重要趋势，应通过产业升级，使第一产业的结构趋向于合理化①。

二、大力推动农业经营体制改革

要着力推动农业经营体制改革，正确处理农业产业化发展与家庭联产承包责任制之间的关系，在保证农村土地承包关系不变更的情况下，创建科学的土地流转机制，丰富规模经营形式，发展以农业产业为基础的第二、第三产业。促

① 范润梅．农业结构变动对区域农业经济增长的影响机制探讨［J］．商业经济研究，2015（12）：114-115.

使农业内部结构发生改变的同时，适应农业外部结构转换，使一二三产业有效融合。因地制宜地做好产区布局，形成配置合理、效益明显的农业内部结构①。

三、继续抓好农业基础设施建设

完善的基础设施是农业又好又快发展的重要保障，它不但影响着农业综合生产力的高低，还影响着农业领域平均利润率的高低。强化农业基础设施建设，是推动农村经济发展、促进农业和农村现代化的重要措施之一。改革开放40多年来，我国农业基础设施建设取得了长足进展，农业生产条件得到不断改善。但欠发达地区尤其是西部省份的农村，农业基础设施较为落后。当前，应进一步加快构建强化农业基础的长效机制，切实保障主要农产品基本供给，突出抓好农业基础设施建设，着力强化农业科技和服务体系基本支撑，逐步提高农村基本公共服务水平。

四、有效处理产业结构趋同

产业结构趋同也称为产业结构同构、产业结构相似，指在地区区域经济发展与地区产业结构波动过程中，由于地区与地区间资源禀赋条件相似或日益密切的沟通导致地区与地区间的产业结构不断呈现日渐相似的态势。这一态势使区域经济在短期内能够快速发展，但长期持续将严重阻碍经济的发展，具体表现在产业结构的趋同会导致资源配置效率低下、竞争加剧，从而影响相互间的合作②。产业具有区域性，区域农业产业结构也是如此，必须注意区域产业结构趋同问题，提高地方政府的宏观调控水平，强化地方政府的责、权、利边界，引导地方政府在区域农业产业布局与政策制定中体现差异性，同时注意区分“合意性趋同”和“非合意性趋同”。

---

① 范润梅．农业结构变动对区域农业经济增长的影响机制探讨［J］．商业经济研究，2015（12）：114-115.

② 王筱欣，张玥．长江经济带三核心城市产业结构趋同影响因素分析［J］．重庆理工大学学报（社会科学版），2018，32（8）：26-33.

第八章　农业高质量发展与农村一二三产业融合

农业一二三产业融合发展，被称为“第六产业”，已经是农业发展的一大趋势，也是当前中国农业产业创新的新方向。在中国当前的创业创新热潮中，与农业相结合的创业创新项目不断涌现，带动了农村经济结构调整和产业转型升级。农业具有“接二连三”的功能，与第二产业、第三产业的产业链融合可以有多种方式，催生出许多新兴业态。推进农村一二三产业融合发展的新业态，需要有新的经营主体和利益机制。应进一步壮大多元经营主体，建立利益联结机制，通过家庭农场、龙头企业带动农民发展多形式的适度规模经营，向社会资本全面放开能够商业化运营的农村服务业，让农户分享产业链环节的增值利益。

推进一二三产业融合发展，既是加快转变农业发展方式、构建现代农业产业体系的重要举措，也是推动农业农村经济发展、探索中国特色农业现代化道路的必然要求。2016 年 1 月，国务院办公厅发布《关于推进农村一二三产业融合发展的指导意见》（国办发〔2015〕93 号），提出用工业理念发展农业，以市场需求为导向，以完善利益联结机制为核心，以制度、技术和商业模式创新为动力，以新型城镇化为依托，推进农业供给侧结构性改革，着力构建农业与第二、第三产业交叉融合的现代产业体系。之后发布的 2016 年中央一号文件也指出，要大力推进农民奔小康，必须充分发挥农村的独特优势，深度挖掘农业的多种功能，培育壮大农村新产业新业态，推动产业融合发展成为农民增收的重要支撑。

第一节 农村一二三产业融合的内涵[①]

产业融合并非新生事物，可以说在产业演进和产业发展史中，产业融合现象随处可见。而学术界对产业融合的讨论，则最早源于20世纪中后期由数字技术的出现而导致的产业之间的交叉。通俗来讲，产业融合是指不同产业或同一产业不同行业相互渗透、相互交叉，最终融合为一体，逐步形成新产业的动态发展过程。产业融合涉及多个领域，其中，农村一二三产业融合随着社会各界对“三农”问题重视程度不断提高而日益受到关注。

目前众多学者尝试对产业融合及农村一二三产业融合的内涵做出界定。李世新（2006）认为，农业与相关产业融合是农业产业横向一体化结果，并将其与农业产业化区别开。梁伟军（2010）认为，农业产业化是纵向农业产业融合形成的路径。段海波（2014）认为，农业产业融合是农业产业链的横向拓宽而形成多重产业属性的新型产业。姜长云（2015）提出，农村一二三产业融合发展是以农村一二三产业之间的融合渗透和交叉重组为路径，以产业链延伸、产业范围拓展和产业功能转型为表征，以产业发展和发展方式转变为结果，通过形成新技术、新业态、新商业模式，带动资源、要素、技术、市场需求在农村的整合集成和优化重组，甚至农村产业空间布局的调整。郑风田等（2015）认为，农村一二三产业融合发展是指以农业为基础和依托，借助产业渗透、产业交叉和产业重组方式，通过形成新技术、新业态、新商业模式延伸农业产业链，由第一产业向第二产业和第三产业拓展，打造农业产业综合体和联合体。苏毅清等（2016）认为，农村一二三产业融合是指农林牧副渔等第一产业的细分产业与第二、第三产业中的细分产业所形成的社会生产的产业间

① 北京市农林科学院农业科技信息研究所．农村一二三产业融合发展的内涵、做法及启示［EB/OL］．http：//www.agri.ac.cn/。

分工在农村实现内部化，体现为第一产业中的农林牧副渔等细分产业分别与第二产业中的细分产业、第三产业中的细分产业，及第二、第三产业中的细分产业相融合，最终使新的生产技术、新的管理技术和新的产业形态得以诞生。芦千文（2016）认为农村一二三产业融合平台和载体是农民家庭、农民合作社，农民合作社是最突出的实践样本。

从上述不同形式的内涵界定中，可以归纳出农村一二三产业融合的共同点：一是农业产业链条的延伸，主要是指以农业为中心，向产前和产后延伸链条。二是农业技术的支撑作用，表现在新技术的推广应用使农业与第二、第三产业间的边界变得模糊。三是农业产业间的交叉融合，使农业具备多种功能，与文化、旅游、教育等产业相互关联和渗透。四是农业产业效益的提升，即推动农村产业空间合理布局、转变发展方式、参与第二、第三产业，分享农村产业增值收益。

第二节　农村一二三产业融合的主要形态

从实践情况看，农村一二三产业融合包含多种形态，按照不同的标准可分成不同的类型。判断产业融合的类型，始终可以从两个维度展开：一是按融合方向，产业融合可以分为纵向融合与横向融合（见表 8-1），纵向融合是沿着产业链的纵向一体化行为，横向融合是围绕产业的多功能性开发的融合行为。二是按融合结果，产业融合可分为吸收型融合和拓展型融合。吸收型融合指原来的两个或多个产业之间实现融合，形成一个共同的产业。扩展型融合指在原来两个产业或多个产业的交叉处融合进而产生一个新的产业，同时原有的各产业仍然独立存在①。具体从所涉及产业的关系来看，农村一二三产业融合可分

① 苏毅清，游玉婷，王志刚．农村一二三产业融合发展：理论探讨、现状分析与对策建议［J］．中国软科学，2016（8）：19-20.

为横向产业融合和纵向产业融合，前者主要是指产业链的拓宽，即农业具有了其他产业的功能，后者主要是指产业链的延伸，即农业与其他产业联系在一起。从融合主体的性质来看，可分为内源性融合和外源性融合，前者是指以农户、专业大户、家庭农场或农民合作社等农业生产主体为基础的融合发展，后者是指以农产品加工或流通企业等非农业生产主体为基础的融合发展；从融合发展的路径划分来看，可分为组织内融合和组织间融合，前者是指家庭农场、农民合作社等在产业组织内部实现融合，后者是指龙头企业与农户、家庭农场、合作社等合作，在产业组织间实现融合①。

表 8-1　农村一二三产业融合的主要形态

类型	名称	举例
横向产业融合	第一、第三产业之间的融合	休闲观光农业、创意农业、会展农业、籽种农业和环保农业等
纵向产业融合	垂直一体化模式	农业产业化龙头企业
	分工合作模式	“公司+农户”“合作社+农户”“公司+合作社+农户”“公司+合作社+基地+农户”
	空间产业集聚模式	“一村一品”“一乡一业”
	循环经济模式	“种植业—养殖业—生物质产业—种植业”循环模式

这里主要以横向和纵向产业融合为例做简要介绍②。

一、横向产业融合

农村横向产业融合目前主要表现为第一、第三产业之间的融合，即通过开发、拓展和提升农业的多功能性，赋予农业科技、文化、教育和环境价值，使农业的功能拓展至生态休闲、旅游观光、文化传承、科技教育等领域，内涵覆

①②　资料来源：北京市农林科学院农业科技信息研究所．农村一二三产业融合发展的内涵、做法及启示［EB/OL］. http：//www. agri. ac. cn/。

盖生产、生活、生态等方面，从而实现农业与文化、旅游、教育、健康、环保等产业的有机统一。横向产业融合的典型代表包括休闲观光农业、创意农业、会展农业、籽种农业和环保农业等，其中，休闲观光农业实现了农业与旅游业的融合，创意农业实现了农业与文化创意产业的融合，会展农业实现了农业与商务、教育产业的融合，籽种农业实现了农业与科技服务业的融合，而环保农业则实行了农业与生态修复、环境保护等产业的融合。

二、纵向产业融合

纵向产业融合又因产业间关联方式的不同，有多种实现模式。

（一）垂直一体化模式

这种模式属于组织内的产业融合，即通常以大型企业或合作社为主体，其生产经营向上游延伸至农产品生产、生产资料供应乃至技术研发等环节，向下游则扩展至销售服务环节，涵盖了研发、生产、加工、流通、销售、服务等各个领域，从而实现贸工农一体化、产加销一条龙。很多农业产业化龙头企业都采取了这种模式。

（二）分工合作模式

这种模式属于组织间的产业融合，即以企业、合作社等为主体，通过订单生产、统购统销、股份合作等利益联结手段，将在空间上分离的农村一二三产业紧密连接，主要形式有“公司+农户”“合作社+农户”“公司+合作社+农户”“公司+合作社+基地+农户”等。

（三）空间产业集聚模式

这种模式属于区域内的产业融合，即受地区资源禀赋、产业特色和发展导向等因素影响，一二三产业及相关产业组织在农村特定区域集聚，形成集群化、网络化的发展格局，如发展“一村一品”“一乡一业”等。

（四）循环经济模式

这种模式属于链条上的产业融合，即农业内部种植业、养殖、畜牧等子产业之间，以及农业与加工制造业之间，依据生物链的基本原理而建立起产业上下游之间的有机关联，并形成相互衔接、循环往复的发展状态。比较典型的例子是“种植业—养殖业—生物质产业—种植业”模式的循环。

第三节　农村一二三产业融合的理论探讨

1937年英国经济学家科斯提出交易成本理论，以经济组织的交易成本为分析对象，因专业分工组织之间产生交易费用，降低交易成本是他们的目标。交易成本理论根据参与交易主体“有限理性和机会主义”这两个基本假设，分析主体间为促成交易而产生的所有成本。而经济组织之间通过合同契约、政策制度等形式结成一种“持久性的组织关系”会大大降低交易成本。基于交易成本理论，从而产生了农村一二三产业融合的原动力，即经营主体降低交易成本的本能。在经营实践中，第一产业中的农业经营主体，与第二、第三产业的企业之间的融合，可以充分利用第二、第三产业实现资源合理配置。同时，一二三产业融合会使组织之间协作更加紧密，从而降低了各经营主体的交易成本。

实践中，日本JA综合研究所今村奈良臣于1994年首次提出农业的六次产业化概念，认为农业的六次产业是指农村地区各产业之和，即1+2+3=6。其意为农业不仅指农畜产品生产，而且还应包括与农业相关联的第二产业和第三产业。农业六次产业的界定说明只有依靠农业为基础的各产业间的合作、联合与整合，才能取得农村地区经济效益的提高。今村奈良臣的六次产业概念成为农村一二三产业融合的实践基础。

梁伟军（2013）认为，农业产业融合包括农资供应、农产品生产、加工、销售及服务环节的纵向融合，以及农业引入高新技术产业发展理念、技术成果和管理模式的横向融合。马晓河（2015）提出，根据国内外发展的实践经验，农村一二三产业融合发展指的是以农业为基本依托，通过产业联动、产业集聚、技术渗透、体制创新等方式，将资本、技术以及资源要素进行跨界集约化配置，使农业生产、农产品加工和销售、餐饮、休闲以及其他服务业有机地整合在一起，使农村一二三产业之间紧密相连、协同发展，最终实现了农业产业链延伸、产业范围扩展和农民增加收入。苏毅清（2016）认为，农村一二三产业融合是指农林牧副渔等第一产业的细分产业与第二、第三产业中的细分产业所形成的社会生产的产业间分工在农村实现内部化，体现为第一产业中的农林牧副渔等细分产业分别与第二产业中的细分产业、第三产业中的细分产业，及第二、第三产业中的细分产业相融合，最终使新的生产技术、新的管理技术和新的产业形态得以诞生。

我国农业近些年面临一系列矛盾：农产品价格和成本双重挤压、农业补贴和环境资源双重约束、农村人口“老龄化”和“过疏化”突出、农产品阶段性过剩与结构性短缺并存等。2014 年，中央一号文件提出“把产业链、价值链等现代产业组织方式引入农业，促进第一、第二和第三产业的融合发展”；2015 年中央一号文件首次明确“推进农村一二三产业融合发展”，并发布《关于推进农村一二三产业融合发展的指导意见》，从融合方式、融合主体、利益联结机制、服务体系、推进机制等多个方面进行了全面部署。2016 年中央一号文件要求着力构建现代农业产业体系、生产体系、经营体系，实施藏粮于地、藏粮于技战略，推动粮经饲统筹、农林牧渔结合、种养加一体、一二三产业融合发展。2017 年中央一号文件对“壮大新产业新业态、拓展农业产业链价值链”作出重要部署。2018 年中央一号文件明确要构建农村一二三产业融合发展体系。2019 年中央一号文件明确健全农村一二三产业融合发展利益联结机制。自此，农村一二三产业融合从自发的市场行为上升到国家战略层面，我国农业发展也由此进入新的阶段。

第四节　农村一二三产业融合的典型模式[①]

目前国内已达成共识，认为农村一二三产业融合发展是以农业为基本依

① 赵海．论农村一二三产业融合发展［J］．农村经营管理，2015（7）：26-29.

托，以新型经营主体为引领，以利益联结为纽带，通过产业链延伸、产业功能拓展和要素集聚、技术渗透及组织制度创新，跨界集约配置资本、技术和资源要素，促进农业生产、农产品加工流通、农资生产销售和休闲旅游等服务业有机整合、紧密相连的过程，借此推进各产业协调发展和农业竞争力的提升，最终实现农业现代化、农村繁荣和农民增收①。农村一二三产业融合是产业融合的一种表现形式，其演变过程与产业融合是一致的。因此，通过设立试点、实施扶持政策是近阶段有效、快速助推农村一二三产业融合发展的重要举措②。

一、农户主导型

这种模式指在产业链建设中，由当地农户为主要力量开发优势资源，主导由农业生产向农产品加工、营销以及乡村旅游等方面发展的进程，形成一二三产业融合发展的态势和目的。农户主导型主要有农产品地产地销模式、农家乐模式、家庭手工艺品产销模式等。农户主导型延伸了产业链条、开发了农业的多功能，产业的增值收益完全留给了农民，是产业融合的一种典型案例。但这种模式因较大程度依赖农村区位优势和资源禀赋而发展受限。

二、农场主导型

这种模式与农户主导型接近，由当地的家庭农场为主导力量和核心参与农业经济活动产业链的建设，主导优势资源开发、农产品生产加工营销流通、乡村旅游等进程。

三、合作社主导型

这种模式指依托农民合作社兴办加工和流通，将产业链条逐步由生产环节

① 国家发展改革委宏观院和农经司课题组．推进我国农村一二三产业融合发展问题研究［J］．经济研究参考，2016（4）：3-28.

② 郑媛榕．农村一二三产业融合的识别问题及政策应用研究［J］．中共福建省委党校学报，2017（9）．

向加工和流通环节延伸，最终形成一二三产业融合发展的态势。农民合作社主导型主要包括合作社办加工模式、农超对接模式、农社对接模式等。农民合作社主导型实际上是一种产业综合体，实现了产业链条的延伸和产品的增值，并通过合作社的分配机制分享到了增值收益，是一种非常好的产业融合模式。但这种类型对合作社实力与能力有较高的要求，适用于规模较大、实力较强、运行较为规范、人才支撑较为有力的合作社或合作联社。

四、龙头企业主导型

这种模式指依托农产品加工或流通龙头企业，将产业链条覆盖农产品生产、加工和销售全过程，最终形成一二三产业融合发展的态势。龙头企业主导型主要包括“龙头企业+农户”“龙头企业+基地+农户”“龙头企业+农民合作社+农户”模式等。与前三种模式相比，龙头企业主导型更加强调价值链的完善，即处理好龙头企业与农户的利益关系，让农户分享到产业化的成果。

五、“互联网+X”型

这种模式指以互联网为主要载体，依托现代信息技术和物流手段，扩大农户、农民合作社、农业企业产品的销售区域，减少产品流通的中间环节和交易成本，是产销对接的典型模式。这种模式最大的特点是依托互联网平台实现了生产者和消费者的直接对接，减少了中间环节的成本损失，使生产者得到了流通环节的全部增值收益。

第五节　推进三产融合，推动农业高质量发展

当前我国农村一二三产业融合还处于初级发展阶段，一是农业与第二、第

三产业融合程度低、层次浅。二是新型农业经营组织对产业融合的带动能力不强。三是利益联结机制松散，合作方式简单。四是先进技术要素扩散渗透力不强。五是基础设施建设滞后，涉农公共服务供给不足。推进农村一二三产业融合发展，是在我国经济发展进入新常态、农业发展进入新阶段的大背景下，深入推进农业供给侧结构性改革、加快转变农业发展方式的重要抓手，是拓宽农民收入渠道、全面建成农村小康社会的重要途径。2015 年底，国务院办公厅印发《关于推进农村一二三产业融合发展的指导意见》，国家发改委认真贯彻落实，会同有关部门先后开展实施农村产业融合发展“百县千乡万村”试点示范工程，在全国确定了 137 个农村产业融合发展试点示范县。试点工作开展一年多的时间里，各地在创新农村产业融合发展方式、培育农村产业融合发展主体、构建更加紧密的利益联结机制、完善农村产业融合发展服务体系等方面探索出不少成功的经验和做法，在促进农业增效、农民增收、农村繁荣方面的作用和效果日益显现。

贯彻落实中央一号文件精神，促进农村一二三产业融合发展，推动农业高质量发展，要注重做好五个方面的工作：[①]

一、健全和完善农业产业链条

在纵向上推行产加销一体化，将农业生产资料供应，农产品生产、加工、储运、销售等环节链接成一个有机整体，实现“小农户”与“大市场”、城市和乡村、现代工业和农业的有效联结，打造现代农业产业体系。健全完善农业的产业链、就业链、价值链，提高农业产业的综合竞争力和效益。

二、提升农业产业整体发展水平

高度重视促进农业产业深度融合，将农业作为一个整体来谋划，提高产业

① 张天佐．四个方面促进农村一二三产业融合发展［J］．江苏农村经济，2016（3）：67.

发展的统一性、协调性。要深入推进农业结构调整，统筹考虑产业布局与环境保护，创新体制机制，促进产业集群集聚发展。

三、引导要素流向农村，新型经营主体培育

从财税、信贷、土地和价格等方面进一步健全促进农村产业发展的政策体系，加大对农业产业化龙头企业的信贷支持和上市扶持力度。加快培育新型农业经营主体，加快发展农民专业合作社、家庭农场、专业大户、龙头企业，鼓励农产品加工流通型龙头企业和城市工商资本进入种养业，持续推进适度规模经营和专业化、标准化、集约化生产。鼓励第一产业中的新型农业经营主体积极发展农产品加工和流通服务业，不断壮大自己。加快培育农业新型经营主体，鼓励新型职业农民、务工经商返乡人员等领办合作社、兴办家庭农场。

四、完善产业链与农民利益联结机制

引导龙头企业创办或入股合作组织，支持家庭农场、农民合作社入股或兴办龙头企业。在农业合作制基础上引入股份制，鼓励工商资本在农业产业融合中进入适宜领域，鼓励龙头企业建立与农户风险共担的利益共同体，打造企业、科研人员、农户等多方利益共同体，形成合理的利益联结机制。通过组织模式、经营方式和产权关系创新，让农民真正分享产业链延伸和功能拓展的好处。

五、创新驱动融合发展

农村一二三产业融合发展关键在创新，应用创新思路打好培育新型农业经营主体、坚持消费导向、发展第二、第三产业、完善利益联结机制、开展试验示范和完善相关政策等几张牌。通过对技术、人才、资本等生产要素的整合集成和优化组合，增强创新能力，解决产品和服务供给同质性问题，为农村产业融合提供更多可实现的技术条件。

第九章　农业高质量发展与农业绿色发展

第一节　农业绿色发展是现代农业建设的重大使命

习近平总书记在党的十九大报告中提出："我国经济已由高速增长阶段转向高质量发展阶段，正处在转变发展方式、优化经济结构、转换增长动力的攻关期，建设现代化经济体系是跨越关口的迫切要求和我国发展的战略目标。"推动高质量发展是当前和今后一个时期确定发展思路、制定经济政策、实施宏观调控的根本要求。2017 年 11 月 29 日，中央农村工作会议提出"走质量兴农之路"，要"加快推进农业由增产导向转向提质导向"的要求；之后全国农业工作会议提出将 2018 年确定为"农业质量年"，明确了我国农业系统开启农业高质量发展的新征程。

2018 年 5 月，习近平总书记在全国生态环境保护大会上指出："绿色发展是构建高质量现代化经济体系的必然要求，是解决污染问题的根本之策。"2019 年 3 月，习近平总书记在参加十三届全国人大二次会议内蒙古代表团审议时指出："保持加强生态文明建设的战略定力，探索以生态优先、绿色发展为导向的高质量发展新路子，加大生态系统保护力度，打好污染防治攻坚战。"当前，我国农业现代化发展仍属短板。党的十八届五中全会提出了"创新、协调、绿色、开放、共享"的五大发展理念，绿色发展理念追求的是人与自然和谐相处、以绿色低碳循环为主要原则、以节约资源和保护环境为宗旨。党的十九大报告指出:“坚持人与自然和谐共生。建设生态文明是中华民族永续发展的千年大计。”这一要求也为转变农业发展方式,促进产业转型升级,全面推进农业供给侧结构性改革指明了方向,确立了基本遵循。

当前,我国经济已由高速增长阶段转向高质量发展阶段,农业既关乎百姓“舌尖上的安全”,也是国民经济的基础。以绿色发展为导向,走出一条产出高效、产品安全、资源节约、环境友好的农业高质量发展道路是必然选择。绿色农业是质量兴农战略的具体实践,是供给侧结构性改革、实施乡村振兴战略,引领生态振兴、产业兴旺,实现农村经济可持续发展的重要举措,与“创新、协调、绿色、开放、共享”五大发展理念一脉相承。补齐农业现代化短板就要树立和贯彻绿色发展理念,以新的绿色发展理念助推农业现代化和破解农业发展难题,引领农业生产与市场消费需求绿色化,带动传统农业经营方式转型升级,探索和构建产出高效、产品安全、资源节约、环境友好的农业现代化可持续发展之路。推进农业绿色发展是农业发展观的一场深刻革命,是满足广大人民日益增长的美好生活需要的根本要求,是实现农业高质量发展的根本途径。

第二节　农业绿色发展理念的内涵及特征

2015 年 10 月 29 日,习近平在党的十八届五中全会第二次全体会议上的讲话鲜明提出了“创新、协调、绿色、开放、共享”的发展理念。新发展理念符合我国国情,顺应时代要求,对破解发展难题、增强发展动力、厚植发展优势具有重大指导意义。作为五大发展理念之一的绿色发展理念,强调的是人与自然的和谐共生、低碳循环发展、生态环保、资源节约、产能高效的发展方式,对我国农业现代化面临的难题具有强烈的针对性和指导性。

绿色发展是科技革命和产业变革的方向，是引领经济新常态的必然选择，用绿色发展理念引领经济发展方式创新。绿色发展蕴含着经济发展与生态保护的良性互动，是永续发展的必要条件和不竭动力，意味着人与自然的均衡发展。坚持绿色发展，实施绿色发展战略，推动经济与社会相统一，形成人与自然和谐发展，要求把绿色发展理念贯穿于经济建设的全过程中，推动传统产业生态化、新兴产业规模化。

农业农村部部长韩长赋（2018）指出，农业绿色发展的基本特征是更加注重资源节约，农业绿色发展的内在属性是更加注重环境友好，农业绿色发展的根本要求是更加注重生态保育，农业绿色发展的重要目标是更加注重产品质量。①

第三节　农业绿色发展的重要意义②③

一、农业绿色发展对推进生态文明建设具有重要意义

农业是地球自然生态系统的组成部分，是与生态系统接触最为直接、最为广泛、最为频繁的产业部门，是生态文明建设的重要领域。非适宜的农业发展活动可能对自然生态系统形成某种性质和程度的损害或破坏；而因时、因地制宜的农业发展活动则能够对自然生态系统产生有效的保护和改善作用。贯彻和落实农业绿色发展理念，以绿色发展理念贯穿农业生产全过程，既有利于培养我国农业劳动者的绿色发展观念，更有利于促进农业生产与农业生态环境的和

① 韩长赋．大力推进农业绿色发展［J］．农村实用技术，2018（3）：12-13.

② 王飞，石祖梁，王久臣，宋成军，党钾涛．生态文明建设视角下推进农业绿色发展的思考［J］．中国农业资源与区划，2018，39（8）：17-22.

③ 赵丹桂．我国农业绿色发展的转型升级研究［J］．农业经济，2018（11）：23-24.

谐共生。建设生态文明，必须重视农业发展方式的有效转变，推进农业绿色发展，由过去的高投入、高消耗向资源节约、环境友好转变，把农业建设成为美丽中国的“生态屏障”，让绿水青山转化为金山银山。

二、农业绿色发展是实现“四化同步”的迫切需要

党的十八大提出“促进工业化、信息化、城镇化、农业现代化同步发展”。我国已经到了加快建设现代农业的历史阶段，但当前农业现代化是“四化同步”的短板。绿色是农业现代化的重要标志，新时代，要想实现经济社会长期稳定可持续发展，实现农业现代化与新型工业化、信息化、城镇化同步发展，必须正确查找和分析农业发展过程中存在的问题，探索绿色发展理念下的农业绿色发展的转型升级之路，全面建设农业发展新局面，实现农业发展与生态文明建设和谐共进。

三、农业绿色发展是农业高质量发展的重要前提

党的十八大以来，我国农业的生产能力有了很大提高，但农业增长模式存在发展质量和效益低下、生态破坏严重、创新能力不够等问题，使整个发展不平衡不充分。当前，我国经济已由高速增长阶段转向高质量发展阶段，农业既是国民经济的基础，也关乎百姓“舌尖上的安全”。以绿色发展为导向，走出一条产出高效、产品安全、资源节约、环境友好的农业高质量发展道路是必然选择。推进农业绿色发展是农业发展观的一场深刻革命，是满足消费者日益增长的美好生活需要的根本要求，是实现农业高质量发展的根本途径。加快农业转型升级，推进农业高质量发展也是形势所迫、发展所需。当前农村仍然存在的基础设施建设滞后、农村一二三产业发展不平衡、公共服务能力不足、教育资源不均衡、农民收入差距较大、农业收入较低等问题制约着我国农村经济社会发展，同样也影响着全面建成小康社会、实现乡村振兴、实现经济高质量发展的目标能否顺利实现。因此，就必须依托于农业绿色发展理念，才能真正破

解制约因素，促进农业发展方式加快转变，优化农业生产结构，融合发展农村一二三产业，最终既实现了农民增产增收，也实现了乡村振兴和农业的高质量发展。

第四节　农业绿色发展评价指标体系

早在2000年就有学者提出农业资源环境持续评价的基本内容和方法体系，之后国内有学者提出了农业可持续发展评价指标体系用来量化农业发展水平。近些年有学者在农业可持续发展评价指标体系的基础上对农业绿色发展评价指标体系进行了探索。崔元锋等（2009）通过对绿色农业发展的系统研究，从生态效益水平、经济效益水平和社会效益水平三个方面分别建立评价指标子系统，最后通过各子系统的整合得出了我国绿色农业发展水平综合评价体系①。张彩霞等（2018）以实现绿色农业可持续发展为立足点，突出农业绿色发展在生态文明建设全局的重要地位，基于资源利用、产地环境、生态系统、绿色供给和经济效益五个子系统，构建了区域农业绿色发展评价指标体系②。张乃明等（2018）在深入调查研究和文献查阅的基础上，综合考虑资源节约、环境友好、乡村发展、产品安全四个方面，构建了10项量化指标作为区域农业绿色发展的评价指标体系，提出了指标权重的确定方法和各指标的打分标准，并以云南省保山市为例对评价指标体系进行了验证与应用③，如表9-1所示。

---

① 崔元锋，严立冬，陆金铸，屈志光．我国绿色农业发展水平综合评价体系研究［J］．农业经济问题，2009，30（6）：29-33.

② 张彩霞，杨潇．区域农业绿色发展水平评价指标体系研究［J］．统计与管理，2018（5）：126-128.

③ 张乃明，张丽，赵宏，韩云昌，段永蕙．农业绿色发展评价指标体系的构建与应用［J］．生态经济，2018，34（11）：21-24，46.

表 9-1 农业绿色发展评价指标体系

目标层	响应层	序号	指标层	单位
一级指标	二级指标		三级指标	
农业绿色发展水平	资源节约	X_1	单位耕地面积农业总产值	万元/公顷
		X_2	农业灌溉水有效利用系数	无量纲
		X_3	受保护国土面积占比	%
	环境友好	X_4	化肥施用强度	千克/公顷
		X_5	规模化养殖场畜禽粪便处理率	%
		X_6	森林覆盖率	%
	乡村发展	X_7	农村饮用水合格率	%
		X_8	农村清洁能源占比	%
		X_9	农民人均纯收入	万元/人
	产品安全	X_{10}	绿色、有机、无公害农产品占比	%

构建科学合理的农业绿色发展评价指标体系对促进农业绿色发展至关重要，目前还处于探讨和实践检验之中。构建科学合理的农业绿色发展评价指标体系必须考虑地理区位条件差异、社会条件差异和经济条件差异，应在综合评价过程中对这几方面的差异有所体现。

第五节　我国农业绿色发展现状

近几十年，我国的农业发展取得了历史性的成就。但与此同时，传统农业增长模式面临的资源透支、环境恶化、生态破坏、质量风险等问题日益突出，成为制约可持续发展的关键因素。农业绿色发展是解决当前农业可持续发展面临约束的关键所在，具有强烈的内生需求和强大的内在动力①。

① 王飞，石祖梁，王久臣，宋成军，党钾涛．生态文明建设视角下推进农业绿色发展的思考[J]．中国农业资源与区划，2018，39（8）：17-22.

一、我国农业绿色发展取得重大进展

党的十八大以来，绿色发展理念已经逐步融入农业农村发展各个方面，我国农业绿色发展综合水平显著提升，农业供给侧结构性改革和农业发展方式转变加快推进，生态田园和美丽家园建设提速，已形成了一批可复制、可推广的农业绿色发展典型模式，为世界农业可持续发展贡献了“中国样板”。

近年来，为了推进农业绿色发展，农业农村部先后启动实施了畜禽粪污资源化利用行动、果菜茶有机肥替代化肥行动、东北地区秸秆处理行动、农膜回收行动和以长江为重点的水生生物保护行动农业绿色发展五大行动，开展国家农业可持续发展试验示范区（农业绿色发展先行区）创建，探索建立农业资源环境生态监测预警机制，积极推动国际农业绿色发展技术合作与试验示范。这些行动极大地推进了农业绿色发展发展。我国首个农业绿色发展绿皮书《中国农业绿色发展报告 2018》显示，我国农业绿色发展在六个领域取得重大进展①：

（一）空间布局持续优化

全国已划定粮食生产功能区和重要农产品生产保护区 9.28 亿亩，认定茶叶、水果、中药材等特色农产品优势区 148 个。

（二）农业资源休养生息

耕地利用强度降低，耕地养分含量稳中有升，全国土壤有机质平均含量提升到 24.3 克/千克，全国农田灌溉水有效利用系数提高到 0.548。

（三）产地环境逐步改善

全国水稻、小麦、玉米三大粮食作物平均化肥利用率提高到 37.8%，农药利用率 38.8%，化肥农药使用量双双实现“零增长”；秸秆综合利用率 83.7%。畜禽粪污资源化利用率达 70%；新疆、甘肃等地膜使用重点地区废旧

① 杨光．我国首个农业绿色发展绿皮书发布　六大领域取得重大进展［J］．农药市场信息，2019（8）：12.

地膜当季回收率近80%。

（四）生态系统建设稳步推进

已划定国家级的水生生物自然保护区25个、水产种质资源保护区535个和海洋牧场示范区64个；全国草原综合植被覆盖度提升到55.3%，重点天然草原牲畜超载率明显下降。

（五）人居环境逐步改善

全国完成生活垃圾集中处理或部分集中处理的村占73.9%，实现生活污水集中处理或部分集中处理村占17.4%，使用卫生厕所的农户占48.6%。

（六）模式探索初见成效

遴选出全域统筹发展型、都市城郊带动型、传统农区循环型3个综合推进类模式和节水、节肥、节药、畜禽粪污、秸秆和农膜资源化利用、渔业绿色发展7个单项突破类模式，可为我国不同类型地区农业绿色发展提供参考和借鉴。

二、我国农业绿色发展存在的问题①②

但是，不容置疑的是，我国农业绿色发展仍存在诸多的问题。金赛美（2019）利用中国31个省份的面板数据，对各省份农业绿色发展水平、区域差异性进行了实证分析，研究表明，我国总体农业绿色发展能力不强，超过半数的省份农业绿色发展能力总体水平较低、发展不平衡、驱动力不足、响应不强烈。我国农业绿色发展存在的问题，突出表现在以下四点：

（一）绿色农业发展观念较为滞后

主要体现在政府大力推动与农业生产者认知之间存在差距。一是农业生产者对于绿色发展的内涵、要求、目的及技术措施的认知程度还不高，对农业绿

① 王飞，石祖梁，王久臣，宋成军，党钾涛．生态文明建设视角下推进农业绿色发展的思考［J］．中国农业资源与区划，2018，39（8）：17-22.

② 胡琴，何蒲明．基于农业供给侧改革的绿色农业发展问题研究［J］．农业经济，2018（2）：45-47.

色发展新理念和新知识的接受尚需一定的时间，间接带来新型应用技术的全面深入推广存在一定困难。二是部分基层干部自身对绿色农业理解不够，对农户的引导作用有限。三是消费者层面绿色消费理念不强，不太重视绿色农产品的消费。应将绿色发展理念植入农业发展规划、政策制定、法律修订和管理执行等全环节，用绿色发展理念统领农业资源保护、生态修复、科技研发、生产经营、加工流通、市场消费等的全过程。

（二）绿色农业标准不健全，缺乏完善的监管机制

绿色农业标准体系的健全对于发展绿色农业来说至关重要，但当前我国的绿色农业标准与发达国家相比尚有一定差距。在绿色有机认证体系缺乏有效的监管，如存在认证机构认证方式不规范、数量多、标准不一、缺乏权威，难免鱼龙混杂的问题。

（三）绿色农业市场体系不健全

这主要体现在：一是市场流通体系不完善。交通影响了边远农村地区绿色农产品销售通道的畅通问题，产地与销地的交通因素制约着绿色农产品市场的扩大。农产品绿色通道还不尽完善，绿色农产品小生产和消费大市场难以有效衔接。二是市场营销体系不健全。企业重视不够、营销主体少、绿色农产品品种少等都弱化了绿色农产品的消费。三是绿色农产品市场监管不到位。存在将普通农产品伪装成绿色农产品的行为，使市场上农产品质量良莠不齐，影响了消费者的购买信心。

（四）绿色农业发展支撑条件缺乏

一是缺乏资金支持，绿色农业是资金密集型产业，各个环节都需要大量的资金支持，资金供给大多依靠其内生性资金供给，难以满足发展需要，而外部资金投入有限。二是缺乏科技投入，农业科研活动大多停留在理论层次，推广价值低。另外，科技服务体系不健全，科研成果难以实现有效转化，影响了农业科技与农业生产的有效衔接。

第六节　推进农业绿色发展，推动农业高质量发展

当前，我国的农业农村发展需要以绿色理念为引领，以绿色保护为基础，以绿色科技为支撑，以绿色供给为目标，以绿色政策为保障，补齐生态建设和质量安全的短板，构建现代农业产业体系、生产体系、经营体系，提高农业效益和竞争力，实现资源利用高效、生态系统稳定、产地环境良好、产品质量安全，共同推进农业的高质量发展和农业现代进程。

一、牢固树立绿色发展理念

实现农业绿色发展，必须牢固树立绿色发展理念，以绿色发展理念指导农业生产经营方式的转变。首先，积极引导和树立农业绿色生产的理念和行为。要通过各种渠道进行大力宣传，让农业生产者了解、认识并掌握绿色种植、绿色灌溉、绿色施肥等。同时通过培训培育出有技能、有理念的新型职业农民。其次，积极引导和树立农业绿色经营理念和行为，推进农村经济良性循环发展。最后，积极引导和树立农业绿色消费理念和行为。提倡追求原生态的绿色农产品，有效节约农业生产资源。①

二、全方位构建农业绿色发展体系

首先，要强化农业绿色发展的科技支撑，构建以绿色发展理念为引领的农业科技创新体系。“科学技术是第一生产力”，农业的绿色发展必须要依靠农业科学技术的不断创新与发展。其次，要培育农业绿色发展的经营主体，构建

① 赵丹桂．我国农业绿色发展的转型升级研究［J］．农业经济，2018（11）：23-24.

以绿色发展理念为导向的多元化经营体系。最后，要建立农业绿色发展的监测评价体系，构建可以量化或可以对比的考察考核体系。结合各地农业生产发展的实际情况，建立农业绿色发展的监测和评价指标，把化肥、农药、地膜等农用物资的使用率和灌溉用水等情况，与相关部门的考核指标相结合，真正推进农业的绿色发展。①

三、以绿色发展理念加强生产源头管理

质量兴农，重在源头管控。首先，规范农业生产资料生产行为，根据土壤肥力合理使用肥料，推广生物农药的使用，推广可降解薄膜生产技术。在饲料生产方面，杜绝铜、锌、砷等重金属元素的添加。其次，规范农业生产主体的行为。加快制定严格的农产品质量标准体系，严格产前、产中、产后的质量监督和质量管理，确保农产品质量安全。最后，构建生态农业产业循环体系，实现区域内种植、养殖、农产品加工产业之间的大循环，从而实现经济效益、社会效益和生态效益的统一，提高农产品品质。②

四、加大政策扶持和生态补偿力度

中央和地方均要加大农村绿色发展的政策扶持力度。如设立专项基金、搭建技术和管理平台、为服务于乡村环境保护的企业提供补贴等。注重农业资源的保护和支持政策的改革和完善，要有利于品质的提高，有利于环境生态的保护③。长期以来农业发展政策目标多集中于促进农业发展、增加农产品产出、保证粮食安全等方面，2016 年财政部、农业部联合印发了《建立以绿色生态为导向的农业补贴制度改革方案》，但目前尚处于探索创新、经验总结阶段，

① 张新美．论绿色发展理念与农业现代化［J］．农业经济，2019（6）：26-27.

② 于法稳．习近平绿色发展新思想与农业的绿色转型发展［J］．中国农村观察，2016（5）：2-9，94.

③ 周宏春．乡村振兴背景下的农业农村绿色发展［J］．环境保护，2018，46（7）：16-20.

政策的完善还需要进行不断的调整。必须有效解决当前农业绿色发展的内涵要求与农业补贴政策之间存在的矛盾①。建立生态补偿机制，在生态补偿资金使用上向农村倾斜，让农民有更多获得感。加大下游补偿上游、城市反哺农村的力度，形成“谁保护谁受益，谁受益谁补偿”的利益调节格局②。

五、构建科学的绿色农业增长评价体系

构建科学的绿色农业增长评价体系，充分发挥绿色增长的评价作用，可以对农业现代化的具体状况做出科学的评估。建立全面的绿色农业增长评价指标体系，准确地评估各项绿色农业增长状况，明确农业在绿色指标方面的增长状况。构建绿色农业发展监测机制，推动农业资源台账制度的制定和实施，实时、及时地监测农业发展状况，为农业绿色增长评价提供数据支持。将绿色农业增长评价与地方政府绩效考核结合起来，改变以 GDP 增长为中心的地方政府考核模式，激励地方政府积极发展绿色农业，提升绿色农业产业链的市场竞争力。③

① 王飞，石祖梁，王久臣，宋成军，党钾涛．生态文明建设视角下推进农业绿色发展的思考［J］．中国农业资源与区划，2018，39（8）：17-22.

② 周宏春．乡村振兴背景下的农业农村绿色发展［J］．环境保护，2018，46（7）：16-20.

③ 吴晓艳．以绿色思维推进农业现代化［J］．人民论坛，2018（17）：70-71.

第十章　农业高质量发展与超循环经济

20 世纪 90 年代，美国、欧盟西方发达国家针对工业化发展过快而导致资源萎缩、环境恶化等问题提出了生态经济、循环经济的概念，为经济发展指明了新的方向[①]。近些年，我国农业发展迅速，但是也不得不面对因生态环境严重恶化、资源不断减少所带来的压力[②]。为解决农业发展中出现的生态、资源与环境困境，解决农业生产与发展所导致的各类问题，我国对基于循环经济理论的农业生态化发展路径进行了探索与实践[③]，如何提高其有效性以推广运用将是本章研究重点。

第一节　超循环经济的内涵与特征分析

一、超循环经济的内涵

超循环经济是指以超循环理论为基础，以协调、高效为发展原则，科学有

① 方淑荣，游珍，蒋慧，赵力，姚红．生态化：中国现代农业发展的必然选择 [J]．农业现代化研究，2010，31（1）：43-46.

② 和献中，王世金．我国农业循环经济发展的路径选择 [J]．安徽农业科学，2010，38（17）：9241-9243.

③ 杨运星．生态经济、循环经济、绿色经济与低碳经济之辨析 [J]．前沿，2011（8）：94-97.

效地调整人与自然之间既统一又矛盾的关系，通过科学规划、合理组织和协调生产、流动、销售、消费之间的循环活动，使经济发展模式稳定、持续，不破坏自然生态环境，并且满足人的需求的经济模式①。超循环经济包括内循环、中循环与超循环三个层次。内循环是指将生产所需要的生产要素投入到生产过程中，再通过人力的投入生产出产品。中循环是指凭借资源、技术与产业优势，创建集群生态化产业园区，在完成产品生产的同时，将生产链中产生的废物合理利用起来，再次投入到生产链中，创造出更高的价值。内循环与中循环都是经济系统中的内部循环，与之相比，超循环则是经济系统外部循环，它的经济循环范围涉及经济、社会、自然等多个系统，从更大的范围形成良性循环②。

二、超循环经济的特征

超循环经济具备以下四个特征：其一，超循环经济具有开放性。如上所述，超循环经济包括三个层次的循环，每一层循环都是开放的，尤其是超循环层次其开放性的特征更加突出。只有超循环经济是开放的，才能使经济、社会、生态系统协调一致，有效融合。其二，超循环经济具有高效性。其高效性不仅体现在资源的高效利用，废物的极低量排放，产量极高的生产层面，还体现在产品销售、消费等流通层面。其三，超循环经济具有互动性。在超循环经济体中，经济、生态与社会系统之间频繁互动，并创造出更高的效益。这也促使我们不能孤立地看待经济的发展，而是关注经济发展与生态环境、社会系统之间的关系，从三方协调的角度出发来探索经济发展的方向与途径。其四，超循环经济具有包容性。它的包容性体现在可以满足人类发展物质需求数量与质

---

① 伍国勇，段豫川．论超循环经济——兼论生态经济、循环经济、低碳经济、绿色经济的异同［J］．农业现代化研究，2014，35（1）：5-10.

② 杨培源．根植与超越：基于传统农业生态化实践的循环经济构建［J］．江西农业学报，2011，23（5）：198-201.

量的满足上，体现在经济发展不破坏生态环境，协调社会发展的包容上[①]。

第二节 超循环经济与农业生态化发展的关系

一、超循环经济理论为农业生态化提供支撑

超循环经济具有“减量、循环再利用、再创新”的原则。减量原则是指采用一切可行的方法节约生产所需要的各种资源。这一原则并不违背满足人类合理需求的前提条件，只是强调要依靠技术的更新、管理水平的提升以及生产过程的优化使生产所需的原材料的数量减少，并且使由于生产所排放出来的废弃物料减少[②]。减量原则非常适用农业生态化发展，保证农业的发展与生态环境相适应，既不能从生态环境中过度索取，也不能将大量的废弃物质排放到生态环境中。使农业生产的投入与产出保持一种平衡的状态。循环再利用原则为资源的高效利用提供了方法与途径。再利用既可能是投入的资源可以多次被重复的应用于同一生产过程中，也可能是产生的废弃物可以作为其他生产中的原料。通过先进的技术与生产工艺将农业生产资源“再利用”，将不可再生的资源更多地予以保留，才能放缓资源的萎缩脚步，才能使农业实现可持续发展。再创新原则是促使资源得到科学利用的原动力。无论是减量，还是循环再利用，都需要科学技术的创新发展，没有科学技术的创新发展，就无法实现资源与废弃物的减量，也无法实现循环再利用[③]。

---

① 吴飞美．产业集群转型与循环经济发展的内生性分析［J］．武汉大学学报（哲学社会科学版），2011，64（6）：27-31.

② 郭晓鸣，廖祖君，张鸣鸣．现代农业循环经济发展的基本态势及对策建议［J］．农业经济问题，2011，35（12）：10-14.

③ 方杰，曹邦英，卿锦威．基于农业循环经济的社会主义新农村生态环境建设探讨［J］．生态经济，2009（2）：77-79，87.

二、超循环经济与农业生态化有密切的内在联系

超循环经济是经济发展模式之一，它涉及循环经济、生态资源、绿色经济以及低碳经济等多种经济形态。这些经济形态都是农业持续稳定发展的基础。超循环经济是经济发展、生态环境保护与社会发展高度统一的发展模式，它将上述经济形态综合到一起，促使人类生存系统良性互动、协调一致地发展。在这个发展过程中，物质、信息、资本在各个产业内频繁流动，得到了充分的利用。在这个往复利用中，需要极力促进生产效率、资源利用率的提高，因此必须大力发展超循环经济。超循环经济模式的创建必然会实现农业生态化。超循环经济的本质是一种大的集合体，工业产业、农业产业、服务产业都是重要的组成部分。农业生态是农业产业超循环经济目标实现的结果。农业生态化是指在一定的区域内，生产过程模仿自然生态系统的运行模式，形成健康稳定的生态网络，在这个网络中，农业生产集约化、高效化，农业产品量足质优。人与自然和谐发展①。

三、超循环经济为农业生态化发展提供参考依据

超循环经济为农业生态化发展提供理论依据与实践依据。农业生态化虽然与超循环经济有千丝万缕的联系，但是其实质是两个层面的概念，在社会实践中，二者有明显的差异。超循环经济是全面衡量经济、生态与社会持续发展的模式。农业生态化只是经济社会中以农业产业为对象构建的经济、生态与社会持续发展，农业生态化可以看作是超循环经济的一个子集。超循环的相应理论完全适应农业生态化发展，并且成为农业生态化发展的理论基石，指导农业生态化不走弯路，提供全面的理论参考。从实践的角度看，超循环经济在农业发

① 刘纯彬，桑铁柱．产业集群与发展循环经济：一个内生性分析框架［J］．南京社会科学，2009（7）：1-6.

展方面是为了创建超循环农业经济，强调农业的发展不以破坏生态环境为代价，要成为环境友好型农业。超循环经济构建中遵循的“减量、循环再利用、再创新”原则都可以用于指导农业生态化建设实践[①]。

第三节　高质量发展背景下我国农业生态化发展现状

一、生态农业发展状态

20 世纪 80 年代，我国引入生态农业发展模式，通过农业部门的大力推广，在全国各地进行了广泛的实践。时至今日，生态农业的效益已经初步显示出来，尤其是在农业生态环境的保护与促进农业经济持续发展的过程中发挥了重要的作用。到 2015 年我国已建成生态农业示范点 2000 多处，连续多年实施了 10 个循环农业示范市建设，建设测土配方施肥项目县 2498 个，技术推广面积 14 亿亩，设立 106 个国家级绿色防控示范区，辐射带动绿色防控面积达 5 亿亩以上。因地制宜发展农村沼气，户用沼气 4200 万户，沼气工程近 10 万处，全年处理粪污、秸秆、生活垃圾近 20 亿吨，其中粪污 17 亿吨。

二、清洁农业生产实施状况

近些年，农业污染成为继工业污染之后又一环境保护监测难题。2010 年，我国环境保护部门正式将农业污染列入需要治理的污染之一。国务院于次年发布了《“十二五”节能减排综合性工作方案》，创建了针对农业生产的排放监

① 马其芳，黄贤金，张丽君，陈逸．区域农业循环经济发展评价及其障碍度诊断——以江苏省 13 个市为例［J］．南京农业大学学报，2006（2）：108-114.

测指标，并且开始大力推行清洁农业，使农业生产与环境保护相协调。我国化肥农药使用量在全球处于高位，导致严重的土壤污染问题，给食品安全、土地安全、生态安全造成较大隐患。从国际上来看，我国化肥年使用量约占世界的1/3，相当于美国、印度的总和。农药的很大一部分没有被消解，融入水体与土壤中，形成农业残留，导致农产品农药超标，使我国的食品安全受到威胁。国家农业部于2014年10月26日提出要在2015年禁止使用高毒性、高风险的农药，并且耕地施肥都采用测土配方，使清洁农业生产的深度进一步加强。

三、生态农业园区初具雏形

如前所述，我国于20世纪90年代开始推广生态农业，时至今日已经初具规模，大体形成了国家、省、市、县四级农业生态示范基地。包括生态农业示范园、观光农业旅游园、绿色食品生产园和农业科技示范园四种类型。每一种类型的生态农业园区都是在发挥自身的农业生产的基础上，又开创了特色产业。如观光农业旅游园，可以为游客提供观光、游览、休闲、娱乐等服务；农业科技示范园则种植各类优质高产的特色果蔬，经济效果明显。

第四节　我国农业生态化发展存在的问题及原因

一、我国农业生态化发展存在的问题

（一）生产主体积极性不高

农业生态化生产与传统的农业生产相比，投资大、见效慢，经济效益不显著。这就导致很多农户从快速获取经济收益的单一的角度否定农业生态化的优势。虽然，我国各级相关部门为发展生态农业付出了很大的努力，并且进行了大量的实践，试图用实际行动改变农户的看法，但是由于农户自身存在知识障

碍、经济障碍以及市场障碍，导致农户对生态农业始终“打不起精神”，很多区域生态农业的发展都是依靠企业牵动、政府补贴发展起来的。

（二）资源利用不科学

农业生态化过程是生态意识、技术与思维的整合统一，它需要具备生态资源合理利用意识，掌握生态资源高效利用技术，并且具备生态生产的创新思维，这样才能实现超循环经济中提到的“减量”原则。然而，当前我国很多土地资源的产权不明晰，很多公共资源被农户免费或低成本使用，农户都希望在使用期限内将土地资源的价值全部“挖尽”，始终将个人利益摆在首位，不具备生态资源持续利用的意识与想法，大量的农业资源被低效使用。

（三）产品的非生态化

很多农业生产经营者都是将个人的经济利益摆在首位，置生态效益、社会效益于不顾，使大量的农业资源被低效使用，并且在农业生产过程中，资源浪费严重，环境破坏严重，农药化肥残留严重超标。很多农业生产经营者都吹嘘自己生产出来的是“纯绿色”“纯有机”产品，然而，从绿色产品、有机产品的概念出发，根据绿色有机产品指标体系来进行检查，这些产品都是非生态化产品。

（四）发展路径模糊

虽然生态农业已经在我国推行多年，并且已经创建了数百个示范基地，但是这些示范基地都是以企业的形式存在的，在全国农业生产资源的利用上，所起到的作用是微乎其微的。从总体情况来看，我国的农业生产资源依然没有得到最合理的利用，利用效率仍然低于发达国家水平，究其主要原因就是生态化发展路径模糊。生态农业在我国的发展成了“摸着石头过河”“看一步，走一步”，没有整体的发展思路，没有具有规划性的发展方案。没有明确的方向与目标，就很难带动广大农户“死心塌地”地进行生态农业生产。

二、我国农业生态化发展存在的问题的原因

（一）农业生态化意识不强

我国是农业生产大国，农村人口多达 9.4 亿，长期居住在农村的人口有

7.5亿，这些农村人口是农业生产的主力军。由于科教文化发展水平较低，大多数农民文化素质较低，他们没有农业生态化意识，在农业生产中忽视环境保护问题，更没有减少农业污染的想法。大多数都是以短期、自身利益为主，忽视长期、社会整体利益，在农业生产过程中目光短浅、急于求成。同样是由于大多数农民的文化素质较低，他们不能找到学习生态生产知识的渠道，不能掌握生态知识与技术，这也成为阻碍农业生态化生产的因素之一。

（二）农业生态化发展资金不足

如前所述，生态农业是一个高投入、长周期、见效慢的生产模式。要想实施生态化农业，首先要注入大量的资金。这些资金主要用于技术的引进、设备的购置、生产环境的营造等，这些资金的投入会使传统的农业方式转换为生态化农业生产方式。对于生产者来讲，投入这部分资金是存在风险的，稍有不慎，就有可能“满盘皆输”，正是由于这个现实性问题的存在，很多投资者都会慎重投资农业生态化生产，政府的补贴数量较少，也会使农户的积极性无法被充分调动起来，风险补偿机制的欠缺无法打消农户的后顾之忧。

（三）农业生态化生产技术欠缺

农业生态化生产技术是实现农业生态化的关键，没有农业生态化生产技术，农业生态化就是“纸上谈兵”。生态农业生产技术包括生态园学科学规划与管理技术、生态有机化肥生产与使用技术、生态农药的生产与使用技术等，在上述几个方面，我国的技术水平与发达国家还差很大一截。技术的欠缺与落后制约着农业生态化的脚步。虽然我国在农业生态化生产技术方面进行了大量的投入，重要的科研成果也相继出炉，但是大范围地推广并取得实效仍需较长的一段路要走。

（四）农业生态化生产管理不到位

我国已经对农业生产所造成的环境污染制定了明确的处罚条例，并且已经对一些触犯环境保护相关规定的事件进行了处理，但处理的力度还不能遏制住一些生产主体的侥幸心理，他们仍然冒着违规甚至违法的风险，破坏生态环境，宁可被抓被罚，也不愿意投入资金进行生产条件的改善与生态环境的保护。有些环境保护部门执法还会受到地方保护主义的影响，使执法工作困难重重，导致生态化生产管理根本无法实现，对推行农业生态化发展模式是极其不利的。

（五）农业生态化生产制度不完善

生态化农业是新型的生产模式，它的出现、发展到成熟需要政府各级部门与社会的鼎力支持。当前，我国政府为了促进生态化农业模式的形成，已经出台了一系列法规、政策与措施。但是这些法规、政策与措施的出台过于零乱，没有形成统一的体系，配套性、可操作性不强。农业生态化生产制度同样存在“多门执政，各自为政”的情况，很多法规、政策、措施的出台都是基本各个单独部门的视角与想法，从总体上来讲，整个制度体系是十分不完善的。

第五节　基于超循环经济的我国农业生态化发展路径

一、构建基于超循环经济的农业生态化制度体系

（一）制定促进农业超循环经济形成的导向性法律体系

为了促进农业超循环经济模式的形成，国家应该从宏观发展的层面，制定具有导向性的法律体系。法律体系应涵盖自然资源的开发利用以及环境保护相关的法律法规。虽然，我国已经于 1989 年出台了首部环境保护法，并且环境保护法也正在不断丰富与健全。但是实施至今，已三十多年，这部环境保护法的重点是对已经出现的环境破坏问题的查处，在环境保护方面处于被动，并且这部法律与其他的法律法规之间的衔接不太紧密，导致整体法律规范结构失衡。同时，这部法律中并没有涉及农业生态化生产方面的内容。我们应该制定促进超循环经济形成的导向性法律体系，首先，要制定配套的法律法规，在农业资源的高效利用、循环再利用方面都制定了统一的标准；其次，对现有的法律法规进行修正，将农业生态化发展的内容添加进去，对于农业生态发展中相

应的主体的法律责任进行明确的界定；最后，完善规范制度，促进农业生态化发展方案尽快实现，对农业生态技术的提供建立支撑体系，完善农业生态化的公众参与机制，创立绿色消费鼓励机制等。

（二）制定基于超循环经济的农业生态化产业政策

产业政策包括产业技术政策与产业组织政策。产业技术政策是指政府及相关部门需要以经济发展的客观规律为基础，为了促进超循环经济的农业生态化产业的形成，运用各类政策手段，促进人们尝试参与到农业生态化产业中来。主要的技术政策手段包括税收政策、财政政策、金融政策、市场准入政策以及其他相关政策。产业组织政策是指政府部门以优化配置农业产业领域内的相关资源为目标而制定的政策体系。例如，政府应出台管制措施，改变企业与消费者之间农产品供求关系的传统规则，促进市场的公平竞争。出台信息服务措施，为农业生产经营者提供足够的信息内容，消除信息不对称现象，为产业的发展提供有价值的参考数据。

（三）加强基于超循环经济的农业生态化非正式制度建设

人类在漫长的社会生活中会逐步形成特定的价值、道德观念与伦理规范，这些都是非正式制度的主要内容。非正式制度虽然不成条文，没形成规定，但是会对人们的心理产生软性约束。基于超循环经济农业生态模式的形成，要充分发挥宣传、舆论、媒体引导的作用，使全社会都形成有利于农业生态化发展的价值观、发展观与自然伦理观。

二、构建基于超循环经济的农业生态化技术体系

（一）鼓励促进基于超循环经济的农业生态化模式形成的技术创新

技术创新需要从技术选择与技术革新两方面入手。在农业生态化模式形成的过程中，我们应该应用什么样的技术才能达到这一目标，这就需要我们从众多的“先进”技术中选择出最有效、性价比最高的。技术选择是在大量新技术涌现的基础上实现，因此，当务之急依然是鼓励科研机构进行农业生态化技术的研发。在众多新技术中遴选出适宜的技术，将其进行推广应用，分批次、

分阶段地进行技术革新。技术革新需要有计划、有步骤地实施，它所涉及的不仅是技术层面的问题，还会牵涉很多制度层面与市场层面的问题，这就需要做好充分的准备，确定好技术研发、选择与适用方向，为农业生态化技术转化为农业生产力提供保障。

（二）确定基于超循环的农业生态化技术研发重点

技术研发重点的确定可以避免技术研发走弯路，可以使技术转变为生产力的周期缩短。鉴于当前我国农业生产的现状，农业生态化技术研发的重点包括耕地保护技术、土地改良技术和节约用水技术。这三大技术是保证农业生产是否可以环境保护与资源合理利用相协调，也是当前我国农业生产过程中出现的比较严重的生态环境问题，研发出这些技术并投入生产实践中，是实现农业生态化的第一步。为了实现农业循环经济，还应该确定循环经济技术研发重点，主要包括生产废弃物的循环治理技术、农业资源循环再利用技术、废弃物质回收技术、资源替代技术等。这些技术是提升农业资源利用率的关键，也是促使农业生产实现超循环的必经之路。

（三）搭建基于超循环经济的农业生态技术创新平台

技术创新平台的搭建可以使农业生产主体主动参与到技术创新中来，为技术创新营造了一个积极、健康的软环境。任何农户或企业都可以运用自己的智慧与才能进行生态技术创新，政府要加强技术产权保护力度，还要为技术创新融资渠道。资金为技术创新提供必要的支持，农业技术创新风险大，融资风险大，这就需要政府应该正确引导金融机构发展绿色信贷业务，还要通过合理的引导促进社会资本聚集到农业生态技术的创新中来。

三、构建基于超循环经济的农业生态化经济体系

（一）实施农业资源价格改革策略

当前，我国社会资源的开发与利用还没有准确地体现于资源价格体系中。在当前的价格体系中，农业资源的价格是十分低廉的，这也使很多人忽视了农业资源的价值性，使农业资源的利用率极低。促进农业生态化模式的形成，农

业资源价格改革势在必行，只有如此，才能实现农业资源的最优配置。

（二）创建农产品市场调节机制

对农产品的市场进行调节可以通过以下几个途径实现：其一，通过产权途径实现。通过制定并实施明确的产权制度来协调农业市场中各利益主体之间的利益，使农业生产过程之外的技术具有市场价值。其二，进行排污权交易。它是政府调控生产的手段，也是市场化解决环境污染问题的大胆尝试。当前主要适用于工业生产中，可以尝试着将其引入农业生产领域。政府要通过对生态环境进行严密的调查来设定农业生产过程中需要排放的污染物的数量，保证生态环境在不得不被污染的情况，可以利用自身的生态循环来尽力弥补，将破坏降到最低。其三，促进农副产品交易。农副产品交易是指将农业生产的废弃物当作产品推向市场进行买卖。通过农副产品交易可以使一些废弃物被再利用，资源的利用率得以提高。

基于超循环经济的农业生态化模式形成与推广运用并非一朝一夕可以实现，它需要我们立足于我国农业发展的实情，着眼于经济持续、健康、稳定发展的高度，统筹规划、因地制宜，转变传统观念，拓展发展思路，脚踏实地从生态农业发展中存在的问题入手，通过制度体系、技术体系与经济体系的构建，尽快实现农业生态化，使农业的发展收获经济效益的同时收获生态效益与社会效益。

第十一章　农业高质量发展与品牌农业

品牌是生产者和消费者共同的追求，是供给侧和需求侧升级的方向，是企业乃至国家综合竞争力的重要体现。发展品牌，必然要求不断稳定和提升产品的质量，从而满足人们对美好生活的需要、促进经济向高质量发展转变。2014年5月，习近平总书记提出“推动中国制造向中国创造转变、中国速度向中国质量转变、中国产品向中国品牌转变”。2016年6月，国务院办公厅发布了《关于发挥品牌引领作用推动供需结构升级的意见》。2017年“中国品牌日”的设立到2019年第三届的成果举办，国家品牌战略的发展思路越发清晰，彰显出品牌战略、品牌经济、品牌形象日渐成为经济高质量发展的“新动能”。2019年初，农业农村部等七部门印发《国家质量兴农战略规划（2018—2022年)》，在强调加快推进农业高质量发展的同时，将培育提升农业品牌放在了重要地位。

品牌农业是农业现代化的重要标志。当前，品牌农业建设已经成为中国农村经济发展的重大引擎，成为特色农业发展的必然选择、市场主体形成竞争优势的核心价值以及农业现代化的标志①。品牌农业是从田间到餐桌的食品品牌革命。品牌农业是具有质量和安全健康保证的品质农业；是按照量化标准产生和加工的、产品始终如一的标准化农业；是以规模获得高效益的规模农业；是打通一二三产业，实现农业高质量发展的重要前提②。

---

① 刘奇．大中国　大农业　大战略——关于中国品牌农业建设的思考［J］．世界农业，2015（2）：196-202.

② 王红梅．发展品牌农业　助推质量兴农［J］．河北农业，2019（1）：51-53.

近年来，我国农业品牌建设已取得了阶段性成果。截至2016年底，农业部已认证登记“三品一标”优质农产品10.8万个，农产品注册商标已达240余万件，为培育农业品牌奠定了扎实基础。第十四届农产会评选出301个农产品金奖、100个名优果品区域公用品牌，受到社会各界高度关注，发布了“2016中国最有影响力的十大苹果区域公用品牌”“2016中国十大大米区域公用品牌”和“2016最具影响力30个水产品区域公用品牌”“2016最具影响力50个水产品企业品牌”等①。

第一节　品牌农业发展战略的提出

农业高质量发展要求农业生产经营活动趋向于生产高品质、高科技含量、高附加值、具有广阔的市场前景，深受消费者欢迎的、知名度高的产品。从我国农业的发展来看，品牌农业发展战略的提出有其必然趋势。

一、参与国际竞争的需要

一方面，由于我国农产品总体质量、安全水平不高，农业生产规模小、成本高，加之许多农业发达国家还保留高额的农业补贴，我国农业面临着严峻的国际竞争形势。品牌农业发展战略有助于集中力量进行重点培育、打造农业品牌，尽快形成一批具有国际竞争力的农业产区和优势农产品，提高我国农业整体竞争力。另一方面，我国农产品在国内外市场上面临着来自价格、绿色壁垒、技术壁垒等多方面的激烈竞争，亟须提升中国农业软实力，将我国农产品的资源优势转化为市场竞争优势。而农业软实力提升与农产品品牌策略紧密相

① 牛震．农业品牌化战略如何发力——对话农业部市场与经济信息司司长唐珂［J］．农村工作通讯，2017（9）：30-32.

关。通过农产品品牌战略的实施，既能提升我国农业的软实力，又能弥补硬实力方面的市场竞争劣势①。

二、农业高质量发展的迫切要求

品牌是农业生产者和消费者共同的追求，是供给侧和需求侧升级的方向。对消费者而言，品牌是消费决策最直接的导向。高质量是发挥品牌引领作用的基础，品牌化是实现质量兴农的基本路径之一。2018 年初，农业农村部等七部门印发的《国家质量兴农战略规划（2018—2022 年）》中，在强调加快推进农业高质量发展的同时，将培育提升农业品牌放在了重要地位。当前，我国经济发展正处于增长速度换挡期、结构调整阵痛期和前期刺激政策消化期“三期叠加”阶段，面临经济结构调整节点，低端产能过剩集中消化，中高端产业加快发展。实施品牌强农战略，是适应我国经济发展阶段性特征的必然要求，是推动我国经济发展迈上新台阶的战略选择，有利于提振消费信心，促进生产要素合理配置，催生新业态、发展新模式、拓展新领域、创造新需求，促进农业高质量发展②。

三、消费取向发展变化的要求

国家统计局公布的有关数据显示，2018 年我国居民人均可支配收入 28228 元人民币，比上年名义增长 8.7%，扣除价格因素实际增长 6.5%。中国人均 GDP 同比增速为 6.1%，居民收入增速快于人均 GDP 的增长。中等收入群体规模持续扩大，中等收入人口已经超过 4 亿人。我国现已步入中等收入国家行列，随着国内中产阶级消费群体的兴起，人民的消费需要呈现出多样化多层次多方面的特点，农产品消费需求已经发生了本质性的变化，呈现出消费“符

① 曹琳．提升中国农业软实力的品牌战略研究［J］．济南大学学报（社会科学版），2012，22（5）：26-29.

② 刘艳涛．加快品牌强农　推进农业高质量发展［N］．农民日报，2018-07-11（005）.

号”化的市场特征，即消费者越来越追求品牌消费，通过品牌消费体现消费者的消费价值主张和社会自我①。实施品牌农业发展战略，向市场提供品牌农产品，突出了农产品的差异性，有利于消费者区别农产品，方便选购，满足他们的消费需求。

四、农业供给侧结构性改革的需要

品牌是驱动农产品有效供给，提升农产品附加值和市场竞争力的利器，实施品牌战略导向的农业供给侧结构性改革是我国农业供给侧结构性改革的有效路径。我国农产品消费市场已经从“卖方”市场转变为“买方”市场，尤其是随着经济全球化、网络化发展，农产品市场竞争愈演愈烈。所以我国农业供给侧结构性改革的着力点在于提升我国农产品的市场竞争力和产品附加值。而品牌是农产品行销市场的“通行证”，是农产品市场竞争的利器，同时也是提升农产品附加值的前提②。

五、现代农业发展的需要

品牌化是农业现代化的核心竞争力和重要标志，品牌强则农业强。从发展的实际看，农业现代化水平较高的地区，往往也是品牌农业发展较快的地区，是农产品品牌的聚集区。我国农产品品牌建设相对滞后，未来发展空间和潜力巨大。实施农业品牌战略，已经成为推动农业转方式、调结构，加快推进农业现代化的一项紧迫任务③。实现农业现代化的重要手段就是改善农业生产结构和生产方式，品牌农业的发展可以有效改善我国农业发展方式，提高农产品的数量和质量，充分利用农业资源，对农产品进行深加工，提高农产品的附加值。发展品牌农业有利于我国由农业资源向品牌资源转化，实现我国农业从粗

①② 向明生，桂富荣，普雁翔．基于品牌战略导向的农业供给侧结构性改革路径研究［J］．改革与战略，2018，34（1）：79-82.

③ 实施农业品牌战略　推进现代农业发展［J］．学习月刊，2016（10）：27-28.

放型、小规模向精细型、规模化和专业化的转变①。

第二节　品牌农业的特征

娄向鹏（2013）认为，品牌农业具有以下五大特征：一是生态化，即按照“尊重自然、循环发展”的理念，从事农产品的培育和生产，加工和销售安全、健康、优质的农副产品。二是价值化，即引入品牌营销模式，通过品牌定位、产品创新、产品核心价值、品牌（产品）形象设计以及传播推广等手段，提升产业、企业和产品附加值，实现增收增效和可持续发展。三是标准化，即引入现代经营管理理念和手段，对农业经营组织的种养、加工过程和环节，进行规范化、系统化改造和建设，改变传统农业经营的粗放、随意和人为性，形成可量化、可控制和可复制。四是产业化，即实现作为第一产业的农业与第二产业、第三产业高度融合与产业整合，形成完整农业产业链，进行良性联动和互动。五是资本化，即根据农业投资风险大、利润回报低、投资周期长、市场前景广的产业特点，积极主动先期导入现代投资和资本运营理念、模式和路径，用资本的杠杆和力量撬动、助推现代农业跨越式发展。②

秦薇等（2018）认为，品牌农业具有高品质、标准化和高价值三大特征：品牌农业以农产品为主要载体，是具有地方特色且质量和安全得到保证的高品质农业；品牌农业是按照量化标准产生和加工的、产品始终如一的标准化农业；品牌农业是通过生产经营规模化使产品得到升值的高价值农业③。

---

① 汪娟．我国品牌农业发展对策研究［J］．农村经济与科技，2019，30（1）：32-34.

② 娄向鹏．品牌农业：从田间到餐桌的食品品牌革命［M］．北京：企业管理出版社，2013.

③ 秦薇，万忠，刘伟．农业供给侧结构性改革背景下的品牌农业发展研究［J］．南方农业，2018，12（2）：88-89.

第三节 我国品牌农业面临的问题和制约因素[①]

一、对品牌农业的认识还不到位

“重生产，轻品牌”的现象比较普遍，混淆了品牌和商标两个概念。管理部门、经营主体、农民个体还没有充分认识品牌建设在现代农业发展中的战略地位和作用，促进品牌化发展的新思维、新办法和新手段均存在不足。

二、品牌培育缺少系统性

品牌培育及保护制度体系缺失，农产品生产和加工标准化程度低、质量参差不齐，品牌培育和保护投入不够，品牌发展缺少统一、系统的规划组织和引导。

三、品牌影响力亟须扩大

品牌影响力跨省跨区域的不多，品牌的社会信任度不高，国际知名品牌少，农业品牌状况与农产品大国的地位不相称。

四、区域公用品牌制度体系还未建立

区域公用品牌理念有待普及，区域公用品牌建设缺少整体规划，品牌资源

① 我国将大力实施农业品牌战略［J］. 乡村科技，2016（1）：13.

未能得到很好整合，公用品牌制度体系尚未建立，代表国家形象的农产品民族品牌尚未形成。

五、品牌间无序竞争现象突出

缺乏产销衔接的质量追溯机制和农产品标识管理，缺乏严格的市场准入机制，缺乏完善的行业自律机制。国内市场上存在相互排斥和不规范的恶性竞争现象。

第四节 发展品牌农业，推动农业高质量发展

一、加强引导，培育品牌主体

以提高农业经济社会发展质量和效益为中心，发挥质量和品牌的引领作用，强化政策引导，引导农业企业通过强化管理建立争创品牌的良好机制。对农产品生产区域进行科学的规划，突出绿色农业特点，调整、优化产业结构。注重农产品的深加工，以提高农产品的附加值与市场竞争力。加强农产品的质量标准体系建设，建立健全法律法规与规章制度。建立农产品质量安全监督体系，建立农产品质量监督追溯系统。同时，加强新型职业农民的培育工作①。

二、科学论证筛选优势特色项目

品牌就是附着于产品或服务之上的特殊标记。发展品牌农业首先要选择确

① 汪娟．我国品牌农业发展对策研究［J］．农村经济与科技，2019，30（1）：32-34.

定一批具有市场前景的区域农业经营项目，把技术含量高、市场容量大、高附加值、低能耗的产品列入战略规划，建立和完善品牌农业的产业链、价值链、供给链，提升品牌农业的影响力，以充分发挥优势与特色，避免盲目经营，降低市场风险。其次使区域农业经营者形成共识，通过品牌建设孕育催生所需要的经营规模及其合作组织，以便形成优势特色农业专业化、规模化的生产经营区域。①

三、构建农业品牌体系

各级政府必须提升市场品牌意识，避免行政化品牌建设思维，加强农业品牌顶层设计、制度安排和资源统筹能力。结合区域实际，制定完善具有差异性、前瞻性的品牌发展战略，培育差异化竞争优势的品牌战略实施机制，形成农产品区域公用品牌、企业品牌、大宗农产品品牌和特色农产品品牌相辅相成的品牌集群，贯穿农业产业全过程，提升产业素质和品牌溢价能力。打造区域公用品牌，要立足资源优势，突出产业特点，与特色农产品优势区建设紧密结合起来，把不同区域农产品差异性体现出来；打造企业品牌，要推动企业树立品牌意识，积极培育品牌文化，在技术创新、质量管理、市场营销等方面狠下功夫，充分发挥组织化、产业化优势，积极主动创建自主品牌；打造大宗农产品品牌，要结合粮食生产功能区、重要农产品生产保护区及现代农业产业园等园区建设，积极培育粮棉油、肉蛋奶等品牌；打造特色农产品品牌，要以新型经营主体为主要载体，凸显品牌的深厚文化底蕴和鲜明地域特色。

四、培育大型农业企业集团，有效整合全球农业产业链

培育一批具有国际竞争力、国际知名品牌的农业企业集团，是我国进行品牌战略导向农业供给侧结构性改革的突破点。大型国际化品牌农业企业集团能

① 陈俊钦．发展品牌农业面临的困境与应对策略［J］．福建农业，2017（Z1）：11-12，14.

快速占据农业产业链的关键价值增值链端，有效整合国内、国外农业产业链资源，在农产品品种繁育、农产品精深加工和农产品市场销售终端三个价值裂变点上发力，实现我国农业企业在国际产业链演进中发挥主导和引领作用，拓展我国农产品的空间价值和品牌价值，提升我国农产品国际市场竞争力，推动农业高质量发展①。

① 向明生，桂富荣，普雁翔．基于品牌战略导向的农业供给侧结构性改革路径研究［J］．改革与战略，2018，34（1）：79-82.

第十二章　农业高质量发展与科技创新

党的十九大报告提出“加快建设创新型国家”，明确“创新是引领发展的第一动力，是建设现代化经济体系的战略支撑”。当前我国经济发展从高速增长阶段转向高质量发展阶段，必须以新发展理念为主线，坚持质量第一、效益优先的原则，实现科学发展。从高速增长向高质量发展的转变，其本质就是发展动力从依靠增加要素投入和规模扩张转向依靠创新和提高效率，发展方式从要素驱动转向创新驱动。因此，新时代要进一步实施创新驱动发展战略，全面激发经济社会发展的创新活力，实现经济发展质量变革、效率变革、动力变革，提高全要素生产率。农业是我国国民经济的核心组成部分，也是夯实经济社会健康发展的基础。依靠科技创新是促进我国农业产业发展的必由之路。全面提升农业科技自主创新能力，建设创新型农业，把农业和农村经济纳入科学发展轨道，是实现农业和农村经济全面协调可持续发展的战略选择。

第一节　创新与农业科技创新

1912 年，美籍奥地利经济学家约瑟夫·熊彼特出版了《经济发展理论》一书，以“创新”概念构建了一种与主流经济学迥异的经济理论，第一次从经济发展的角度对“创新”作出了定义。之后国内外众多学者从不同视角对创新展开研究，普遍认为创新是驱动经济增长的关键因素。波特最早使用创新驱动概念并将其作为一个发展阶段提出，他把经济发展划分为四个阶段：第一阶段是要素驱动阶段，第二阶段是投资驱动阶段，第三阶段是创新驱动阶段，第四阶段是财富驱动阶段。英国的弗里曼更多地从经济角度考虑技术创新，他在1973年发表的《工业创新中的成功与失败研究》中提出“技术创新是技术的工艺的和商业化的全过程，导致了新产品的市场实现和新技术工艺与装备的商业化应用”，技术创新就是指新产品、新过程、新系统和新服务的首次商业化转化。同时，弗里曼还强调技术创新对劳工就业的影响以及科技政策对技术创新的刺激作用，为国家创新体系的提出打下了基础。

在经济发展过程中，创新驱动将自主创新作为经济增长的引擎，更加注重依靠科技和提高效率。如今，创新已贯穿我国经济社会发展各个领域。作为基础产业，农业是实施创新驱动的主要领域。农业科技创新是技术创新的一部分，是将农业技术专利应用到农业生产活动中所引起的农业生产要素的重新组合，其本质是开发农业科技创新成果并转化为生产力①。农业科技创新是以农业新知识和新科技成果的创造与使用为基础，改善农业生产方式，采用新型管理模式，实现农业高质量、高产量、高经济效益的过程②。

农业企业技术创新是指通过应用新知识、新工艺、新技术生产出新产品，或采用新的生产方式，对生产条件或生产要素加以重新组合，从而提供新的服务，促进农业企业实现新的市场增值。③

第二节　以科技创新提高农业发展质量

多年来，我国农业在实现产量快速增长、供给日益丰富的同时，也面临着

① 吴林海．我国农业科技创新供给的影响因素及对策探讨［J］．上海经济研究，2009（1）：30-35.

② 杨学利，张少杰，古安伟．农业科技创新信息服务体系构建研究［J］．情报科学，2010，28（10）：1501-1504.

③ 王茂祥，吴伟伟，李群．农业企业技术创新特点及创新能力提升路径分析［J］．粮食科技与经济，2018，43（6）：21-23.

产品质量不高、结构不优等问题。特别是随着生活水平的提高，人们对农产品的要求已经由“吃得饱”向“吃得好”“吃得放心”转变。因此，必须依靠科技创新来更好地推动育种技术突破，培育优良动植物品种，改进农产品品质，同时还要通过标准化生产中的技术创新，大力推进优质农产品生产技术进步，破解高产和优质之间存在的矛盾。

农业不仅有农产品供给等经济功能，还有生态产品和服务供给等生态功能。绿色发展是农业高质量发展的重要内涵，要以生态农业技术创新为依托，尽快建立农业绿色发展技术体系，探索推广绿色低碳生态环保循环农业发展新模式，更好地实现农业绿色发展和可持续发展。在现代市场经济中，农业的综合效益和竞争力主要取决于全要素生产率，农业科技水平的高低也主要体现为全要素生产率的高低。实现农业高质量发展，要以科技创新推动农业效率变革，提高农业全要素生产率；以育种技术和生产技术创新提高农业土地生产率；以机械化、信息化、智能化技术创新提高农业劳动生产率；以现代综合技术创新提高农业投入品利用效率，实现农业节本增效；以科技创新培育壮大新产业新业态，促进一二三产业融合发展，催生农业农村新产业新业态，拓展农业产业链价值链。农业作为国民经济的基础和关系国家安全的战略性产业，要实现高质量发展，必须依靠科技创新突破资源环境约束，依靠科技创新拓展农业发展空间，依靠科技创新提高农业发展质量和效益。必须适应农业高质量发展要求，调整农业科技创新方向和重点，整合科技创新资源，加快构建和完善产学研深度融合的农业科技创新体系和现代农业产业技术体系，用现代科学技术改造农业、驱动农业创新发展①。

第三节　农业企业创新过程、投入及风险

创新驱动发展是中国经济发展新常态的重要内容。创新是企业发展的基

① 彭建强．以科技创新推动农业高质量发展［N］．河北日报，2018-07-13（006）．

础和源泉，2013 年，根据《中共中央国务院关于深化科技体制改革加快国家创新体系建设的意见》有关部署和要求，农业部发布了《关于促进企业开展农业科技创新的意见》，从九个方面提出了实质性指导意见。党的十九大更是强调了“创新是引领发展的第一动力，是建设现代化经济体系的战略支撑”。

农业要实现创新驱动，需经历以下四个阶段：一是农业创新投入阶段，即将各种有利的创新资源进行充分整合与有效分配，并将其应用到创新活动中，这是创新活动的基础。二是农业科技创新阶段，即从事科学技术研发活动，进行知识创造。三是农业科技转化阶段，即将农业研发成果进行转化，并应用于农业生产和技术推广，发挥其驱动作用，这是创新活动的关键步骤。四是农业创新产出阶段，即提升农业产出效益，这是检验创新成功与否的关键环节，农业生产质量和效益反映了农业科技创新能力的优劣。另外，农业创新活动还受科技政策、教育水平、创新文化等环境因素的影响，良好的创新环境会促进农业创新活动的开展。①

企业经营的重要目标是获得竞争优势，从而获得经济收益。因此，企业创新投入主要投资于可产业化的科技创新，这类创新通常能够获得直接的经济效益。一般来说，企业创新投入对企业绩效具有提升作用。众多学者广泛认同创新投入有利于创新能力的提高，进而提升企业绩效。②

科技创新风险属于投机风险，若创新成功，企业可以扩大再生产、降低成本，取得竞争优势；若创新失败，则会损失创新投入的资金和资源，错失发展机遇。因此，企业在决定其创新投入时，会考虑创新风险水平及自身的承担能力③。而农业在国民经济各部门中是相对低效益、高风险、受自然影响较大的弱质产业。与其他行业企业相比，农业企业创新具有投入成本相对较高、农业

① 杜文忠，耿鹏鹏，胡燕萍．创新驱动视角下广西农业科技创新能力评价——基于熵值和 TOPSIS 法物元评价模型［J］．科技管理研究，2019，39（9）：82-89.

② 马克星，李珺．创新投入对农业企业绩效的影响——基于 A 股农业上市公司的实证检验［J］．科技管理研究，2019，39（12）：110-116.

③ 李晓峰，徐玖平．企业技术创新的风险管理研究［J］．经济体制改革，2008（3）：72-76.

技术创新公益性和社会性明显、创新风险远大于其他类型企业等特点。①

第四节　农业科技创新能力评价指标体系

杜文忠等（2019）基于创新驱动视角，根据农业创新驱动过程模型从农业科技创新环境水平、农业科技创新投入能力、农业科技创新转化能力和农业科技创新产出能力四个方面，以广西为例构建了农业科技创新能力评价指标体系（见表 12-1）。②

表 12-1　广西农业科技创新能力评价指标体系

一级指标	二级指标	单位
农业科技创新环境水平	农业机械总动力（X_1）	10^8 瓦
	区域经济发展水平（地区生产总值）（X_2）	亿元
	农田有效灌溉面积（X_3）	10^3 公顷
	每万人口中大学生人数（X_4）	人
	农业保险金额（X_5）	万元
农业科技创新投入能力	教育公共财政预算支出（X_6）	万元
	农业财政预算支出（X_7）	万元
	农业固定资产投资（X_8）	亿元
	农业研发经费内部支出（X_9）	万元
农业科技创新转化能力	人均教育投资支出（X_{10}）	元
	高校总数（X_{11}）	个
	普通高等学校农学毕业生人数（X_{12}）	人
	科学普及参加人数（X_{13}）	万人次
	科技机构数（X_{14}）	个

① 王茂祥，吴伟伟，李群．农业企业技术创新特点及创新能力提升路径分析［J］．粮食科技与经济，2018，43（6）：21－23.

② 杜文忠，耿鹏鹏，胡燕萍．创新驱动视角下广西农业科技创新能力评价——基于熵值和 TOPSIS 法物元评价模型［J］．科技管理研究，2019，39（9）：82-89.

续表

一级指标	二级指标	单位
农业科技创新产出能力	农业总产值（X_{15}）	亿元
	农村居民人均纯收入（X_{16}）	元
	技术市场成交额（X_{17}）	万元
	专利申请授权数（X_{18}）	件
	发表科技论文数（X_{19}）	篇

第五节　我国现代农业科技创新体系建设的现实困境

现阶段，我国农业发展所面临的瓶颈问题主要是农业生产率低、农产品缺乏国际竞争力、农民收入水平普遍低下等，关键的出路就在于通过农业科技创新提高生产效率，提高产品质量，实现良好的产出效益，达到农民增收。据农业部数据显示，2015 年我国农业科技进步贡献率已超过 56%，科技也已成为我国农业发展的主要推动力量，但我国农业科技的整体水平不高，核心技术领域缺乏重大突破，现有农业技术创新的成果转化和推广能力明显不足，对现代农业的发展形成引领和支撑作用不强①。

由于受到对传统科技创新体制的路径依赖、长期重工轻农的二元经济结构以及农业科技本身的外部性和溢出效应等因素制约，导致当前我国农业科技创新体系面临诸多现实困境。当前我国现代农业科技创新体系建设现实困境有以下四点。②

① 舒全峰，王亚华．我国农业技术创新扩散研究评述［J］．中国农业科技导报，2018，20（2）：1-9.

② 王雅鹏，吕明，范俊楠，文清．我国现代农业科技创新体系构建：特征、现实困境与优化路径［J］．农业现代化研究，2015，36（2）：161-167.

一、农业科技创新体制与管理机制障碍凸显

计划经济体制下形成的科技创新机制与管理模式仍存在影响。如在农业科研机构设立方面缺乏分工协作的联动机制，农业科技管理中存在的条块分割、资源不集中等诸多问题，以及现有的农业科技考评制度重数量轻质量等，阻碍了农业科技进步。

二、农业科研成果转化率与产业化水平较低

农业科技有效供给和有效需求的严重不协调、逆向选择现象严重造成农业技术的最优交易无法实现，导致我国农业科技成果转化率较低、产业化水平滞后及农业科技资源闲置、浪费严重等深层次问题，无法实现“市场—科研—开发—市场”的良性循环。

三、农业科技推广与服务体系不健全

我国农业科技推广长期面临“线断、人散、网破”等突出问题，农业科技推广体系运行乏力，致使大部分农业科技成果无法及时有效地转移、转化及推广运用，造成大量农业科技成果的无效输出。

四、农业科技创新激励机制与风险补偿机制匮乏

尚未形成从公益性角度出发的激励科技创新的机制，也没有形成鼓励涉农企业广泛参与农业科技创新的激励机制，激励性的税收政策、金融制度和担保风险补偿资金缺乏，使真正能够进行自主研发和技术创新的企业比例较低。

第六节 我国现代农业科技创新体系建设路径

一、强化顶层设计，注重制度保障

从国家层面要强化顶层设计，明确不同主体的功能定位，引导公共科研的方向和总体布局，通过统筹规划，设定针对不同类型主体的科研项目类别，来引导主体功能的分工。同时，完善科技投入的相关法律，明确科技投入数量、分配机制、支持重点等问题，为科研创新工作建立持续、良好的外部环境。要对推动农业科技创新的制度进行体系化设计，建立科学合理的农业科研工作评价体系和科技成果转化机制①。

二、加大政府对农业企业创新投入的扶持力度

相关研究结果表明，目前我国农业企业内部创新投入对农业企业绩效的作用不显著，而地方政府农业创新投入与农业公司绩效之间存在显著正相关关系。优化农业创新投入，提高农业企业绩效，需要政府进一步做好农业企业内部创新的投入引导和扶持，提升企业内部创新对企业绩效的作用。与其他产业相比，农业属于弱质型产业，并且农业企业创新投入的风险更高。政府应加大对农业企业创新投入的扶持力度，通过税费减免、创新投资补贴、科技发展方向引导等方式，减小农业企业创新投资的风险。现阶段我国的农业创新投入仍需以政府投入为主，地方政府在农业科研、创新成果推广等纯公益科技创新方

① 吴建寨，杨海成，李斐，孔繁涛．发达国家农业科技创新体系及其经验借鉴［J］．世界农业，2016（9）：157-161，199.

面的投入对农业企业的技术创新具有重要推动作用，地方政府农业创新投入在全面优化和推进区域创新层面的积极作用是农业企业内部创新投入无法取代的。①

三、积极推进农业科技成果转化

在科技层面，深化科技体制改革，增强农业科技成果的源头产出与供给能力。在转化主体层面，鼓励和发挥多种主体推进农业科技成果转化的积极性。在政策法规制度层面，完善政策法规体系建设和制度设计。在队伍、资金与信息能力建设层面，加强服务性中介队伍建设，拓展并完善投融资渠道，构建信息服务平台。重点推进若干农业科技成果转化的技术体系建设与领域方向发展。以辩证、系统、开放的观点与态度推进农业科技成果转化。②

四、构建科学的科技创新人才的激励机制

我国农业科技创新能力和整体水平还有待提高，农业科技创新的活力和动力还有待增强，农业科技创新型人才的总量还有待进一步拓展。只有不断加快培养和引进高素质农业科技创新型人才，并构建起有效的科技创新型人才的激励机制，才能更好地推进农业科技创新，促进农业科技成果的普及与推广，才能从根本上不断提高农业劳动的全要素生产率和经济效益。要进一步创新农业科技创新型人才工作理念、人才培养机制，完善农业创新型人才的评价及创新机制，研究探索构建起一整套有效的农业科技创新型人才激励机制体系，进一步激发农业科技创新人才的创新潜能，提高农业科技创新型人才的创新实效。

---

① 马克星，李珺．创新投入对农业企业绩效的影响——基于 A 股农业上市公司的实证检验［J］．科技管理研究，2019，39（12）：110-116.

② 翟金良．中国农业科技成果转化的特点、存在的问题与发展对策［J］．中国科学院院刊，2015，30（3）：378-385.

第十三章　农业高质量发展的评价体系

我国经济已由高速增长阶段转向高质量发展阶段，正处在转变发展方式、优化经济结构、转换增长动力的攻关期。2018 年国务院政府工作报告指出："按照高质量发展的要求，统筹推进'五位一体'总体布局和协调推进'四个全面'战略布局，坚持以供给侧结构性改革为主线，统筹推进稳增长、促改革、调结构、惠民生、防风险各项工作"，"上述主要预期目标，考虑了决胜全面建成小康社会需要，符合我国经济已由高速增长阶段转向高质量发展阶段实际"。2017 年底的中央经济工作会议明确提出，必须加快形成推动高质量发展的指标体系、政策体系、标准体系、统计体系、绩效评价、政绩考核，创建和完善制度环境。尽快建立高质量发展指标体系，对推进高质量发展具有重要的引领促进作用。目前，国家层面正在制定相关考核标准，多个省市已经推行或正在研究高质量发展的指标体系，用于考核本地区的经济发展情况。

第一节　地方政府的先试先行

江苏省于 2018 年 5 月率先印发和推行了《江苏高质量发展监测评价指标体系与实施办法》。该办法以"六个高质量"发展为基本框架，用于监测评价全省及各设区市、县（市、区）和城区高质量发展水平和总体情况。考虑到对象层级、发展定位有所差异及指标数据可获得性等因素，设置三个基本架构相同、指标有所区别、数量有所不等的指标体系。其中，全省和设区市由六大类40项指标构成，各县、县级市和成建制转成的区由六大类35项指标组成，城区由六大类25项指标组成。同时印发《设区市高质量发展年度考核指标与实施办法》，用于考核衡量各设区市年度推动高质量发展进展情况。考虑到高质量发展的普遍性要求和各地功能定位的个性差异，考核指标由18个共性指标和每个市6个个性指标两部分组成。①

湖北省于2018年11月印发了《湖北省高质量发展评价与考核办法（试行）》的通知，对除神农架林区外的16个市州设置22项评价与考核指标，每季度进行考核。这22项指标为：规模以上工业企业主营业务收入利润率、工业企业产能利用率、规模以上工业企业亏损面、服务业增加值占地区生产总值比重、研究与开发（R&D）经费占地区生产总值比重、高新技术产业增加值占地区生产总值比重、高新技术企业单位数增长率、十大重点产业发展指数、民间投资占固定资产投资比重、技术改造投资占固定资产投资比重、投资项目"两库"转化率、文化及相关产业增加值占地区生产总值比重、税收占一般公共预算收入比重、实际利用外资占投资比重、进出口总额占地区生产总值比重、商业银行不良贷款率、财政口径政府债务余额占地方综合财力比重、城镇居民人均可支配收入增速、农村居民人均可支配收入增速、单位规上工业增加值能耗降低率、地表水达到或好于Ⅲ类水体比例、市州空气质量优良天数占比。②

第二节　学术界的讨论与成果

"我国经济已由高速增长阶段转向高质量发展阶段"，是党的十九大对中国经济发展作出的一个重大判断。高质量发展是体现新发展理念的发展，是创

① 资料来源：http：//jscin. jiangsu. gov. cn/art/2018/6/19/art_69973_7947485. html。
② 资料来源：http：//news. cnhubei. com/xw/jj/201811/t4192446. shtml。

新成为第一动力、协调成为内生特点、绿色成为普遍形态、开放成为必由之路、共享成为根本目的的发展。推动高质量发展，是保持经济持续健康发展的必然要求，是适应我国社会主要矛盾变化和全面建成小康社会、全面建设社会主义现代化国家的必然要求，是遵循经济规律发展的必然要求[①]。关于经济发展质量，从经济学意义看，在微观层面，主要是指产品和服务的质量；在中观层面，主要指产业和区域发展质量；在宏观层面，主要指国民经济整体质量和效率，通常可以用全要素生产率来衡量。从投入产出关系来看，高质量发展指的是投入少、产出多、效益好的发展[②]。当前和今后一个时期，必须要按照高质量发展的要求，从评价体制、评价主体、评价方法以及结果反馈四个方面入手，谋划和设计科学的高质量发展绩效评价体系，从而为推动我国经济实现高质量发展提供有效制度保障[③]。

党的十九大报告指出我国经济已经由高速增长阶段转向高质量发展阶段以来，众多国内学者对“高质量发展”进行了研究。其中，对“高质量发展”以及“农业高质量发展”的评价标准、评价体系也有不少成果。

刘志彪（2018）认为，高质量发展的评价标准就是多维的，评价标准中的主观因素使其非常复杂。传统质量的好坏，可以从多元化的视角去分析。但对高质量发展，要从新发展理念的角度去综合评价。一般认为，高质量发展是创新成为第一动力、协调成为内生特点、绿色成为普遍形态、开放成为必由之路、共享成为根本目的的发展。对数量的评价上，经济学已经开发出非常好的工具。但对质量的多维评价上，经济学目前尚未开发出比较好的工具。由于质量具有多维性和主观性，如何把无数的个人偏好加总为社会偏好，就是一个很大的难题。这提示我们，由于评价的困难性，诸如要建设为高质量而竞争的经济体制等努力，需要有与过去不同的方法[④]。

任保平（2018）参照目前学术界关于经济发展质量内涵的界定，从宏观

① 任保平．我国高质量发展的目标要求和重点［J］．红旗文稿，2018，384（24）：22-24.

② 王一鸣．高质量发展十策［J］．政策，2018（4）：43-44.

③ 宋瑞礼．高质量发展绩效评价体系研究［N］．经济日报，2018-07-26（014）.

④ 刘志彪．理解高质量发展：基本特征、支撑要素与当前重点问题［J］．学术月刊，2018，50（7）：39-45，59.

的角度认为高质量发展的标准应包含经济发展的有效性、协调性、创新性、持续性和分享性等方面。经济发展的有效性通过效率的高低来体现，一般用资源投入与产出的比例关系来表示。经济结构包括产业结构、城乡结构、区域结构和贸易结构等，这些结构之间的关系要协调，促使整个经济结构的整体协调。经济结构的合理和协调程度可以作为评价经济发展质量高低的基本标准。创新能力是高质量发展的手段，也是新时代衡量中国高质量发展的重要标准。高质量发展在注重经济发展速度的同时，也要注重经济发展给自然生态系统带来的损害，必须把资源利用和环境代价考虑在内。另外，经济发展的高质量应是人民生活的高质量，使更多民众从经济发展中得到好处，发展成果的共享性和居民生活质量的提升也是衡量高质量发展的标准之一①。

李辉（2018）认为，在新时代高质量发展背景下，我国的产品和服务不论在业态还是发展模式方面都呈现出新的特点，需要重新界定产品质量的内涵，需要构建系统、科学的产品质量评价指标体系，从符合性、适用性和外部性三个维度进行评价：一是符合性维度，是指产品符合相关的法律法规、设计标准和设计目的。二是适用性维度，从消费者立场衡量产品质量，如“消费者满意度”即是评价重要指标之一。三是外部性维度，可以由“产品质量损失率”和“产品质量投诉率”来进行测度。构建的产品质量评价标准，分别从产品质量创新、品牌建设、产品质量治理、弘扬企业家精神和大国工匠精神等角度，持续提升我国产品质量，为高质量发展奠定坚实的微观基础②。

任保平（2018）认为，要实现我国经济从高速增长向高质量发展的转变，就需要构建高质量发展的评判体系。从宏观角度提出了我国高质量发展的评判体系，包括：高质量发展的指标考核体系、政策考核体系、标准考核体系、统计考核体系、绩效评价体系、政绩考核体系。分别是：①通过速度指标、总量指标、财务指标、结构协调性指标、质量效益指标、新动能发展指标等指标构

① 任保平．新时代中国经济高质量发展的判断标准、决定因素与实现途径［J］．中国邮政，2018（10）：8-11.

② 李辉．我国高质量发展中产品质量的内涵、评价及提升路径［J］．黑龙江社会科学，2018（4）：37-41.

建各类主体指标考核体系。②通过宏观政策、地方产业政策、地方微观政策、地方改革政策和社会政策等指标构建政策考核体系。③通过增长速度、产业结构及梯度、产品质量、品牌效应等指标构建标准考核体系。④通过经济效益、社会效益、生态效益和人的幸福感等指标构建统计考核体系。⑤通过经济增长速度、经济结构、创新质量、可持续性等指标构建绩效评价体系。⑥通过质量提高、民生改善、社会进步、生态效益等指标构建政绩考核体系。

李金昌等（2019）认为，准确理解和把握高质量发展内涵的基础上构建一套科学合理的评价指标体系是测度高质量发展的前提，并通过对高质量发展统计内涵的深入考察，在充分梳理、借鉴国内外有关同类评价指标体系的基础上，从“人民美好生活需要”和“不平衡不充分发展”这个社会主要矛盾的两个方面着手，构建了由经济活力、创新效率、绿色发展、人民生活、社会和谐5个部分共27项指标构成的高质量发展评价指标体系①，如表13-1所示。

表13-1　我国高质量发展评价指标体系

评价视角	评价指标	指标解释
经济活力	GDP增长速度（+）	报告期GDP /基期GDP（可比价）
	GDP占总产出比重（+）	GDP /总产出
	新经济新动能产业增加值占比（+）	新经济新动能产业增加值/GDP
	现代服务业增加值占比（+）	现代服务业增加值/GDP
	居民消费贡献率（+）	居民最终消费/GDP
	综合负债率指数（-）	根据银行不良贷款率、地方政府负债率和企业资产负债率综合测算
	外贸依存度（o）	进出口总额/GDP
创新效率	高技术产业增加值占比（+）	高技术产业增加值/GDP
	全要素生产率（+）	根据生产函数计算
	亩均GDP（+）	GDP /占地面积
	万元GDP能耗（-）	综合能耗/GDP
	全要素生产率（+）	高技术产业增加值/GDP

① 李金昌，史龙梅，徐蔼婷．高质量发展评价指标体系探讨［J］．统计研究，2019，36（1）：4-14.

续表

评价视角	评价指标	指标解释
绿色发展	优质可耕地占比（+）	优质可耕地面积/区域总面积
	空气质量指数（+）	空气质量优良天数比重或监测的空气质量平均值
	污水处理率（+）	处理污水数量/总污水数量
	生活垃圾无害化处理率（+）	无害化处理生活垃圾数量/生活垃圾总量
	地表水质量（+）	实际监测数据
	优质可耕地占比（+）	优质可耕地面积/区域总面积
人民生活	人均可支配收入与人均 GDP 之比（+）	人均可支配收入/人均 GDP
	社会保障指数（+）	五险综合保障水平得分
	社会不安定指数（-）	失业率+CPI
	高等教育毛入学率（+）	高等教育在学人数/18~22 岁人口数
	人均文教医卫财政支出强度（+）	人均文教医卫财政支出/人均 GDP
	居民家庭文体旅游消费支出比重（+）	居民家庭文体旅游消费支出/总消费支出
	产品质量指数（+）	各种各类产品抽检合格率的加权平均值
	人均可支配收入与人均 GDP 之比（+）	人均可支配收入/人均 GDP
社会和谐	基尼系数（o）	按照基尼系数公式测算
	城乡居民可支配收入比（o）	城镇居民人均可支配收入/乡村居民人均可支配收入
	区域人均可支配收入极值比（o）	最高收入区域人均可支配收入/最低收入区域人均可支配收入
	社会满意度指数（+）	公民调查数据

这套高质量发展评价指标体系比较好地体现了高质量发展的内涵，比较全面地涉及新发展理念的各个方面。并且它们都是结果指标，指标数据大多比较容易获得，能够客观地反映高质量发展的状况。

在加快推进经济建设高质量发展的同时，需要按照创新、协调、绿色、开放、共享的新发展理念要求，推动高质量发展向城乡建设、生态建设、文化建设、民生建设等领域拓展，实现经济社会全面的高质量发展；促使多部门协同推进，加快进行全要素生产率测算评价，并出台政策措施共同推进提高全要素生产率；加快统一设计制度体系，提升制度体系间协调协同水平，统筹发挥制度体系间的集成作用，更高效地推动高质量发展要求在各地各领域快速落实；

加快建立组织人事、发展改革、科技、资源环境、质量安全、社会事业和统计监测等多部门、多领域的协同联动工作机制，为推动高质量发展提供强力保障①。

由于各地情况不同，指标体系建设方面，应注意合理的区域差异性。如中部省份可以对标东部发达省份，东部省份可以对标一些发达国家或地区。

马茹等（2019）构建了包括5个一级指标、15个二级指标以及28个三级指标的中国经济高质量发展评价指标体系，并据此对比分析中国区域经济高质量发展总体态势及其在高质量供给、高质量需求、发展效率、经济运行和对外开放五大分维度的表现。研究结果表明，中国经济高质量发展大致呈现东部、中部和东北部、西部依次递减的区域非均衡态势。其中，北京和上海组成中国经济高质量发展的“第一梯队”，从高质量供给、高质量需求、发展效率、经济运行和对外开放五大维度全方位推进当地经济高质量发展。天津、广东、江苏、浙江、福建、山东、重庆和湖北组成中国经济高质量发展的“第二梯队”，其中天津、广东、江苏、浙江四地在高质量供给、高质量需求、发展效率、经济运行和对外开放五个维度也均跻身全国前列，重庆、福建、山东三地优势各异。绝大多数中部、东北部以及西部川陕二省组成“第三梯队”，经济高质量五大分维度排名绝大多数位于全国居中位置，但部分省份在某一分维度存在较为明显的短板。除去重庆、陕西和四川外的广大西部省份组成中国经济高质量发展的“第四梯队”，高质量供给、高质量需求、发展效率、经济运行和对外开放五大分指数多位于全国中部靠后位置。②

第三节　农业高质量发展评价体系研究

农业作为国民经济的基础，也要适应并遵循“我国经济已由高速增长阶

① 胡建兵．“高质量发展指标体系”亟待建立［N］．贵州日报，2018-12-11（004）．

② 马茹，罗晖，王宏伟，王铁成．中国区域经济高质量发展评价指标体系及测度研究［J］．中国软科学，2019（7）：60-67.

段转向高质量发展阶段”这一趋势。随着“农业高质量发展”概念的提出，在利用政府政策和典型事例进行定性分析研究的基础上，部分学者立足宏观角度，根据农业高质量发展的新内涵和新特点，通过指标体系和模型的构建来对农业高质量发展水平进行测度和实证，对农业高质量发展的测评体系建设进行了探讨。

白雪瑞（2007）构建了农业增长方式转变的评价指标体系（见表 13-2），并具体测算了一年中国农业增长方式转变的综合分值，以测算结果为基础划分了中国农业增长方式转变的历史阶段，并根据中国国情和农业增长方式转变的现状及发展趋势，提出中国农业增长方式转变的目标和对策，实现中国农业增长方式由粗放型向集约型的转变①。

表 13-2　农业增长方式转变评价指标体系

	子系统	类指标	具体指标	单位	权重
农业增长方式	农业生产要素投入	传统要素：劳动和土地	第一产业从业人员初中文化程度比重	%	0.08
			第一产业从业人员人均耕地面积	亩/人	0.08
		现代要素：资本和科技	百亩耕地农业机械动力	千瓦/百亩	0.072
			有效灌溉面积比重	%	0.072
			每亩耕地用电量	千瓦时/亩	0.096
	农业经济结构	产值结构	第一产业增加值占 GDP 的比重	%	0.06
		就业结构	农业就业人口占总就业人口的比重	%	0.06
		城乡人口结构	城镇化水平	%	0.08
	农业产出及转化	农业劳动生产率	第一产业人均 GDP	元/人	0.08
			第一产业从业人员人均粮食产量	公斤/人	0.08
		农业土地生产率	农业土地粮食产量水平	公斤/亩	0.08
		农业商品化程度	农产品商品化率	%	0.08
		农民收入及生活水平	农村居民纯收入	元/人	0.04
			农村居民恩格尔系数	%	0.04

① 白雪瑞. 中国农业增长方式转变问题研究［D］. 东北农业大学，2007.

张智（2018）以新发展理念为指导，从粮食综合生产能力、资源与要素利用水平、生产与经营管理水平、生产效果与效益水平、可持续发展潜力 5 个维度共 16 项指标，构建了一个农业高质量发展指标体系（见表 13-3），并依据此指标体系对山东农业发展质量进行实证研究。[①]

表 13-3　农业高质量发展测度指标体系

一级指标	二级指标	指标内涵	指标性质
粮食综合生产能力 F_1	粮食产量（m_{11}）	粮食总产量/年末常住人口 //吨/万人	适度指标
	机械化水平（m_{12}）	机械总动力/耕地面积 //千瓦/公顷	正向指标
	水利化水平（m_{13}）	有效灌溉面积/耕地面积×100 //%	正向指标
资源与要素利用水平 F_2	劳动者素质（m_{21}）	农业劳动力人均受教育年限 //年	正向指标
	化肥施用强度（m_{22}）	1/（农药施用量/耕地面积）//公顷/吨	适度指标
	农药施用强度（m_{23}）	1/（化肥施用量/耕地面积）//公顷/吨	适度指标
	秸秆综合利用率（m_{24}）	秸秆综合利用率 //%	正向指标
生产与经营管理水平 F_3	规模化水平（m_{31}）	农林牧渔业法人单位数/年末农村常住人口 //个/万人	适度指标
	组织化水平（m_{32}）	农业服务业增加值/农林牧渔业总产值×100 //%	适度指标
	多元化水平（m_{33}）	100-粮食作物播种面积/农作物播种面积×100 //%	适度指标
生产效果与效益水平 F_4	劳动生产率（m_{41}）	一产增加值/年末农村常住人口 //元/人	正向指标
	土地产出率（m_{42}）	一产增加值/农用地面积 //元/公顷	正向指标
	居民收入水平（m_{43}）	农村居民人均可支配收入 //元/人	正向指标
可持续发展潜力 F_5	财政保障水平（m_{51}）	农林水事务预算支出/耕地面积 //万元/公顷	正向指标
	科技保障水平（m_{52}）	农林牧渔业 R&D 人员折合全时当量/农用地面积 //人年/公顷	正向指标
	金融保障水平（m_{53}）	农业保险保费收入/农用地面积 //元/公顷	适度指标

辛岭等（2019）以农业高质量发展的四个主要特征，即绿色发展引领、供给提质增效、规模化生产、产业多元融合为基础，构建了我国农业高质量发

① 张智．农业高质量发展水平测度研究［A］．//中国统计教育学会．2018 年（第六届）全国统计建模大赛论文集［C］．中国统计教育学会，2018：25.

展综合评价体系（见表 13-4）并进行实证分析。该评价体系以四个主要特征为准则层，下设 8 个一级指标、22 个二级指标。研究发现，我国农业高质量发展综合水平有待提升，且各地农业高质量发展水平差距较大，各地区农业高质量发展存在不同程度的短板。①

表 13-4　农业高质量发展评价体系

<table>
<tr><th>准则层</th><th>要素层</th><th>指标层</th><th>指标衡量方式</th><th>属性</th></tr>
<tr><td rowspan="7">绿色发展引领</td><td rowspan="3">资源减量水平</td><td>化肥施用强度</td><td>化肥有效施用量/耕地面积</td><td>-</td></tr>
<tr><td>农药施用强度</td><td>农药施用量/耕地面积</td><td>-</td></tr>
<tr><td>复种指数</td><td>农作物播种面积/耕地面积</td><td>-</td></tr>
<tr><td rowspan="4">资源利用水平</td><td>万元农业 GDP 耗水</td><td>农业耗水/农林牧渔增加值</td><td>-</td></tr>
<tr><td>万元农业 GDP 耗能</td><td>农业耗能/农林牧渔增加值</td><td>-</td></tr>
<tr><td>节水灌溉面积比重</td><td>节水灌溉面积/有效灌溉面积</td><td>+</td></tr>
<tr><td>农业机械化水平</td><td>机耕比重×0.4+机播比重×0.3+机收比重×0.3</td><td>+</td></tr>
<tr><td rowspan="7">供给提质增效</td><td rowspan="3">生产质量提高</td><td>产业结构调整指数</td><td>1-（农产业产值/农林牧渔总产值）</td><td>+</td></tr>
<tr><td>绿色食品原料标准化生产比重</td><td>绿色食品原料标准化生产基地面积/耕地面积</td><td>+</td></tr>
<tr><td>绿色产品产量比重</td><td>绿色产品产量/农产品产量</td><td>+</td></tr>
<tr><td rowspan="4">生产效益提升</td><td>城乡收入比</td><td>城市居民人均可支配收入/农村居民人均可支配收入</td><td>-</td></tr>
<tr><td>农村居民人均可支配收入</td><td>（农村居民总收入-家庭经营费用支出-税费支出-生产性固定资产折旧-财产性支出-转移性支出）/ 家庭常住人口</td><td>+</td></tr>
<tr><td>土地生产率</td><td>农业增加值/耕地面积</td><td>+</td></tr>
<tr><td>劳动生产率</td><td>农林牧渔增加值/第一产业从业人员</td><td>+</td></tr>
<tr><td rowspan="4">规模化生产</td><td rowspan="2">集约规模提升</td><td>土地集约指数</td><td>家庭承包耕地流转面积/家庭承包经营的耕地面积</td><td>+</td></tr>
<tr><td>规模经营指数</td><td>1-（经营 10 亩以下的农户/农户总数）</td><td>+</td></tr>
<tr><td rowspan="2">组织经营优化</td><td>农民参加合作社比率</td><td>参加农业专业合作社户数/农户总数</td><td>+</td></tr>
<tr><td>农业生产托管服务率</td><td>从农村经营统计资料直接获得</td><td>+</td></tr>
</table>

① 辛岭，安晓宁. 我国农业高质量发展评价体系构建与测度分析［J］. 经济纵横，2019（5）：109-118.

续表

准则层	要素层	指标层	指标衡量方式	属性
产业多元融合	产业延伸水平	农产品加工业产值占比	农产品加工业产值/农林牧渔总产值	+
		农业科技进步贡献率	农业总产值增长率-物质费用产出弹性×物质费用增长率-劳动力产出弹性×劳动力增长率-耕地产出弹性×耕地增长率	+
	产业融水平	农林牧渔服务业产值占比	农林牧渔服务业产值/农林牧渔总产值	+
		乡村非农就业占比	1-（从事第一产业人员数/乡村劳动力总数）	+

张春玲等（2019）通过建立农业高质量发展的评价指标体系，并通过模糊层次综合评价的方法对我国农业高质量发展进行综合评价（见表13-5）。经过计算，确定我国当前阶段的农业高质量发展水平的评语级别为“一般”，得到农业高质量发展水平为“一般”的评价结果。①

表 13-5　农业高质量发展评价指标体系及权重

一级指标	权重	二级指标	权重
农业资源（A_1）	0. 2833	化肥施用量（A_{11}）	0. 0687
		农药使用量（A_{12}）	0. 0687
		农膜使用量（A_{13}）	0. 0486
		农业废弃物的利用情况（A_{14}）	0. 0972
经济效益（A_2）	0. 2382	人均粮食占有量（A_{21}）	0. 0953
		农业产出（A_{22}）	0. 0476
		农村居民人均收入（A_{23}）	0. 0953
生态环境（A_3）	0. 3369	节水灌溉率（A_{31}）	0. 0981
		农作物受灾率（A_{32}）	0. 0825
		水土流失治理情况（A_{33}）	0. 0981
		废水排放情况（A_{34}）	0. 0583

① 张春玲，刘秋玲．乡村振兴战略背景下农业高质量发展评价及路径研究［J］．经济论坛，2019（4）：141-146.

续表

一级指标	权重	二级指标	权重
从业人员（A_4）	0.1416	35周岁以下人员占比（A_{41}）	0.0368
		高中及以上人员占比（A_{42}）	0.0464
		新型职业农民培训（A_{43}）	0.0584

基于以上对农业高质量发展评价指标体系的文献梳理，可以发现目前有关农业高质量发展测度与指标体系建设的相关研究较为丰富，也较为成熟。各学者基于高质量发展的内涵和作用机理等进行了理论上的指标体系构建，并不同程度地进行了实证检测，都从经济高质量发展的综合性、多维性做了有益探索，对推进我国新时代农业高质量发展具有重要的参考价值，特别是为农业高质量发展的顶层设计和战略制定提供了科学的决策参考。

第四节　对农业高质量发展评价体系的思考①

一、加强顶层设计，健全评价体制机制

必须打破过去传统的评价思维方式，正确理解高质量发展的内在基本特征，精准抓住高质量发展遇到的主要矛盾。高质量发展与高速度发展两个发展阶段基本特征的差异主要表现在评价标准的单维与多维、历史背景的短缺与过剩、实现手段的计划和市场三个大的方面。当前转向高质量发展阶段，面对解决复杂的多维问题，以经济建设为中心的内涵就发生了深刻的变化，建设现代化经济体系是转向高质量发展阶段国家经济建设的总纲领，是一切经济工作的

① 宋瑞礼．高质量发展绩效评价体系研究［N］．经济日报，2018-07-26（14）．

总任务、主要特征和目标①。要制定法律法规规范，确保高质量发展绩效评价在统一的法律制度框架下运行，做到有法可依、有法必依。建立相对权威客观的政府绩效评价机构，明确绩效评价主体责任，界定相应的评价范围和评价内容，统筹各个政府部门以及社会机构开展绩效评价工作。探索发展出适合我国现阶段国情的评价体系，确保高质量发展绩效评价取得预期效果，建立高质量发展绩效评价配套制度，如绩效评价结果行政问责制度、政府绩效奖惩制度等。

二、坚持科学的指标体系构建原则

构建高质量发展指标或测度体系应充分契合高质量发展的概念内涵，遵循必要的发展思想与统计思想准则，在原则层面上应具备全面性、异质性、稳定性与动态性，在技术层面上应具备透明性、可得性与简明性②。

坚持系统性原则。经济体系，是由社会经济活动各个环节、各个层面、各个领域的相互关系和内在联系构成的一个有机整体，它强调了经济的整体性和系统性。农业高质量发展就是这个总纲领下的一个子系统，农业高质量发展的评价标准与评价体系必须遵从我国的顶层设计，遵从大的评价体制机制。把整个社会经济发展决策对象视为一个系统，以系统整体目标的优化为准绳，协调经济系统中各子系统的相互关系，使系统完整、平衡。因此，在决策时，应该将各子系统放到整个社会系统中去权衡，以整体系统的总目标来协调各子系统的目标。各指标之间要有一定的逻辑关系，指标体系的构建具有层次性，自上而下，从宏观到微观层层深入，形成一个不可分割的评价体系。

简明科学性原则。各指标体系的设计及评价指标的选择必须以科学性为原则，能客观真实地反映农业高质量发展的状况及各指标之间的相互关系。评价

① 刘志彪．理解高质量发展：基本特征、支撑要素与当前重点问题［J］．学术月刊，2018，50（7）：39-45，59.

② 张涛．高质量发展的理论阐释及测度方法研究［J］．数量经济技术经济研究，2020，37（5）：23-43.

指标体系的大小必须适宜。各评价指标应该具有典型代表性，不能过于烦琐，也不能过少过简而遗漏信息，并且数据易获得且计算方法简明易懂。

三、要考虑地区差异问题

如前文所述，我国当前阶段的农业高质量发展水平的评价结果为“一般”，且各地区农业高质量发展存在不同程度的短板，各地农业高质量发展水平差距较大。农业高质量发展的评价体系的建设既要从全国区域经济发展的角度，也要考虑和处理好不同区位、不同发展水平、不同发展特点区域之间的各种关系，有重点、分阶段地解决各种类型区域的农业发展问题，通过自上而下的调控，促进全国农业的高质量发展。我国农业高质量发展综合水平不高，并呈现东部地区>中部地区>西部地区的整体趋势（见表 13-6）。经济发展水平、资源禀赋以及农业发展方面的比较优势、相对劣势等不可避免地导致各省份的农业高质量发展水平存在差距。一方面必须搞好顶层设计，建立健全评价体制机制，探索统一运用的原则和要求；另一方面也要兼顾地方特点，按照不同绩效评价对象设定不同的绩效标准或标杆基准，建立起分类、分级、分阶段的绩效指标体系，确保能够根据自身情况因应调适，推动各省份寻找符合当地农业环境的发展方向、加大科技投入，赶超先进地区。①

表 13-6　农业高质量发展综合指数地区分类

地区分类	省份
一类地区（0.55<D）	北京、上海、江苏、天津
二类地区（0.45<D≤0.55）	黑龙江、浙江、山东、安徽、辽宁、吉林
三类地区（0.40<D≤0.45）	内蒙古、海南、江西、福建、河北、湖北、宁夏、陕西
四类地区（0.30<D≤0.40）	河南、山西、广东、重庆、青海、四川、新疆、湖南、甘肃、广西
五类地区（D≤0.30）	贵州、云南、西藏

① 辛岭，安晓宁．我国农业高质量发展评价体系构建与测度分析［J］．经济纵横，2019（5）：109-118.

对于高质量发展的评判体系，学术界目前的理论研究不多，并无统一的体系标准。部分学者提出的标准还未得到实践检验，只能为以后的理论或实证研究提供参考。一些学者对相关指标进行了实证性研究，但总体上指标不统一，侧重点不同。总体上经济高质量发展的评判体系必须符合以下几个方面：一是多层次的指标体系与协调发展的政策体系，二是全面具体的标准体系和与时俱进的统计体系，三是指标明确的绩效评判体系与公平高效的政绩考核体系。目前看来，农业高质量发展的评判体系的构建还需进行更深层次的研究，进一步通过理论与实践的结合归纳出能够反映农业经济发展质量的指标，最终确立一套完整的、科学的、统一的评判体系，服务于新时代我国农业的高质量发展。①

① 许思雨，薛鹏．中国经济高质量发展的内涵与评判：一个文献综述［J］．商业经济，2019（5）：132-134.

第十四章　农业高质量发展与农业竞争力
——以襄阳农业为例

农业是全面建成小康社会、实现乡村振兴战略的基础。当前，我国农业发展进入转型期，农业竞争压力不断加大。党的十九大后，在乡村振兴战略的大背景下，襄阳农业也面临诸多新挑战。应对新挑战，为实现湖北农业现代化奠定坚实基础，必须找准着力点，加快提升农业竞争力。

第一节　农业竞争力及其评价体系

农业竞争力是指某地农业一定时期内所表现出来的整体能力表现，反映出特定区域农业的相对综合生产能力。农业竞争力在区域间的表现就是农业区域竞争力，是区域农业产业多环节产业链的竞争表现。农业竞争力的研究起源于西方国家对国家竞争力的研究，从国家竞争力扩展到产业竞争力再逐步延伸而来。最初沿用工业部门视角的产业竞争力理论范式，之后逐渐重视市场需求、资源配置、生产过程、产品实现等领域的差异性而得以完善。目前，学术界大多认为农业竞争力评价的理论前提为区域和产业的异质性和政策导致的不完全市场，其影响因素包括生产资源、需求因素、相关支持产业、结构与竞争、政府政策等。[①]

我国农业竞争力研究始于20世纪90年代中期，2005年之后对农业竞争力研究方向由农业的国际竞争力转向国内区域农业竞争力，主要包括农业竞争力的概念与内涵、农业竞争力指标体系的构建与评价、农业竞争力的影响因素分析等[②]。竞争力实质上是一个比较的概念，必然涉及内容和范围两个基本问题。比较的内容就是产业竞争优势，最终体现于产品、企业及产业的市场实现能力，比较的范围是指国内区域间还是国际的比较。区域农业竞争力体现为区域农业的市场竞争能力、农业的增长能力、农业的获利能力，以及农业未来的可持续性。区域要素禀赋的相对丰裕程度容易体现出比较优势并成为竞争优势的基础，但竞争优势并不仅仅来自比较优势[③]。

区域竞争力的分析模型主要有波特的钻石模型、双钻石模型、九要素模型、IMD区域竞争力模型等。国内众多学者基于区域竞争力模型构建了农业竞争力指标评价体系，如金碚（1997）分别根据反映竞争结果和反映原因的指标提出了因果分析模型[④]；游士兵等（2004）建立了农业生产要素条件、农产品需求状况、相关产业发展状况、农业经营主体竞争力和机制竞争力五个方面因素的测度模型[⑤]；陈卫平（2003）进一步从农业规模、效益、基础、结构、现代化、成长等七个方面设立了38项指标[⑥]；刘飞翔等（2009）建立了省域农业竞争力测度模型并对省域农业竞争力进行了综合比较评价[⑦]；曹执令（2012）利用因子分析方法进行实证研究，将区域农业竞争力划分为三种区域

① 万宝瑞．加快提高我国农业竞争力的思考［J］．农业经济问题，2016（4）：4-8.

② 曹阳，刘洋，张艳，刘序．区域农业规划与农业竞争力研究概述［J］．广东农业科学，2011，38（17）：188-191.

③ 孙能利．提升区域农业竞争力的途径：比较优势向竞争优势转化［J］．安徽农业科学，2012（5）：3138-3139.

④ 金碚．中国工业国际竞争力［M］．北京：经济管理出版社，1997.

⑤ 游士兵，肖加元．农业竞争力的测度方法与实证分析［J］．中州学刊，2004（5）：54-56.

⑥ 陈卫平．农业国际竞争力理论初探［J］．财经问题研究，2003（1）：66-69.

⑦ 刘飞翔，潘国亮，占纪文等．省域农业竞争力测度模型构建与综合评价［J］．农林经济管理学报，2009，8（1）：43-47.

类型①；姚爱萍（2017）研究结果表明，农业生产要素、农业生活条件及科技与教育水平三要素都能有效提升省域农业显性竞争能力，有效发挥三要素的协同作用才能最大限度地发挥各自作用②。

王伶（2015）构建了农业竞争力评价的14项指标，并以其为基础对湖北省17市（州、区）的农业竞争力进行综合评价。考虑到数据获取情况，本章在王伶农业竞争力评价14项指标的基础上，对其进行了修正，并利用修正结果考察襄阳、荆门、荆州三地农业竞争力情况。

第二节　襄阳农业竞争力评价与分析

一、湖北省域农业竞争力聚类分析

聚类分析是在相似的基础上收集数据来分类，用来衡量不同数据源间的相似性，并把数据源分类到不同的簇中。通过聚类分析笔者将湖北省域不同地市的农业竞争力水平分为几类，找出每一类的共同特点。

本章参考了长江大学经济学院的王伶教授的分析结果。其研究结果表明，湖北省17市（州、区）农业竞争力可分为四类（见表14-1）。③

① 曹执令．区域农业可持续发展指标体系的构建与评价——以衡阳市为例［J］．经济地理，2012，32（8）：113-116.

② 姚爱萍．中国省域农业竞争力测度及分析——指标体系构建及其相关关系研究［J］．农村经济，2017（6）：69-75.

③ 王伶．湖北省区域农业竞争力的因子—聚类分析——基于湖北省17市（州、区）的样本数据［J］．湖北社会科学，2015（11）：72-76.

表 14-1　区域农业竞争力评价指标体系

一级指标	二级指标	单位	指标代码
农业生产要素竞争力	年末耕地面积	千公顷	X_{11}
	农业机械总动力	万千瓦特	X_{12}
	有效灌溉面积	千公顷	X_{13}
	化肥施用量	万吨	X_{14}
	农村劳动力数量	万人	X_{15}
农产品需求状况竞争力	农林牧渔总产值	亿元	X_{21}
	第一产业占本市 GDP 比重	%	X_{22}
	农民人均纯收入	元	X_{23}
农业经营主体竞争力	人均耕地面积	亩	X_{31}
	人均粮食产量	千克	X_{32}
相关产业及制度竞争力	农村用电量	万千瓦小时	X_{41}
	居民村委会个数	个	X_{42}
农业结构竞争力	林牧渔业占农林牧渔的比重	%	X_{51}
	农业多样化指数[(农作物总产量-粮食产量)/农作物总产量]	%	X_{52}

第一类包括仙桃、天门、潜江、鄂州、随州、咸宁、宜昌、十堰、恩施、武汉、黄石，这类的农业竞争力相对较弱，农林牧渔总产值、耕地面积、农村劳动力数量都较低（武汉、宜昌除外），农业基础设施建设投入较少，农业现代化程度低。

第二类包括黄冈、孝感，表现为农林牧渔总量较大，但人均指标水平较弱，人均耕地面积及粮食产量也较低。

第三类包括荆州、襄阳、荆门，主要表现为农林牧渔总量较大，人均耕地面积、人均粮食产量排名靠前。

第四类是神农架林区，其主导产业是林业，农业竞争力较弱。

二、荆州、襄阳、荆门三地的农业竞争力评价

从实际看，湖北农业竞争力较强的有 5 个地市，上述的聚类分析结果将之分为第二、第三两类，分别是黄冈、孝感、荆州、襄阳、荆门。但后三者的农业竞争力整体上强于第二类。这里，笔者用修正后的区域农业竞争力评价指标体系考察和对比第三类，即荆州、荆门、襄阳三地市的农业竞争力情况。

因样本数和具体分析指标数量较少，在此不做指标权重及数据深度分析，仅通过对比大致得出襄阳农业竞争力状况，如表 14-2 所示。

表 14-2　荆州、荆门、襄阳农业竞争力主要指标情况

一级指标	二级指标	单位	荆州	荆门	襄阳
农业生产要素竞争力	年末耕地面积*	千公顷	684.92	500.38	703.93
	农业机械总动力	万千瓦特	617.22	465.5	646.07*
	灌溉耕地面积	千公顷	604.56	351.30	313.72
	化肥施用量	万吨	33.5	29.9	58.4
	农业经营户*	万户	91.69	43.35	84.89
农产品需求状况竞争力	农林牧渔总产值	亿元	692.78	378.2	775.9
	第一产业占本市 GDP 比重	%	22.2	14.0	11.7
	农村人均可支配收入	万元	1.47	1.58	1.48
农业经营主体竞争力	规模农业经营户	万户	2.21	1.15	2.07
	注册的农民合作社	万个	0.58	0.58	0.69
相关产业及制度竞争力	第一产业用电量	亿千瓦小时	5.99	2.12	2.38
	居民村委会个数	个	2262	1343	2329
农业结构竞争力	林牧渔业占农林牧渔的比重	%	62.4	58.5	54.7
	农业多样化指数[（农作物总产量-粮食产量）/农作物总产量]	%	1.67	1.41	1.21

注：因 2016 年数据缺失，“*”为 2017 年统计数据。数据来源于各地市第三次全国农业普查主要数据公报及湖北省统计局州市年度统计公报（2016 年度）。

三、襄阳农业竞争力现状

上述的聚类分析以及对比湖北农业竞争力较强3个地市说明，襄阳农业近些年进步势头迅猛，已稳居湖北地市前列。事实上“十二五”期间襄阳已发展成为全国十大夏粮主产区和20个商品粮基地市之一，是全省第一粮食大市和唯一的百亿斤粮食生产大市、全省第一畜牧生产大市、全省第一农产品加工大市、国家现代农业示范区，基本建成现代农业强市，基本实现了农业现代化①。从省域来看，襄阳农业竞争力较强，但与国内外农业先进地区相比，襄阳农业仍然任重道远。

（一）农业基础设施薄弱，供给侧结构还需调整

农业基础设施和环境容量仍是农业发展短板。设施农业发展较缓慢，主要作物机械化作业瓶颈亟待突破。供给侧结构失衡，主要表现为产业结构失衡和农村劳动力结构失衡。农业集约化水平偏低、产业化经营水平不高、农业科技支撑能力不强。农产品的加工业产值与农业产值之间存在较大差距，农业中的真正价值难以体现，城乡要素对流不畅。农村“空心化”现象突出，农村劳动力结构性矛盾和农业用工季节性短缺问题仍然存在，实用型人才“青黄不接”，基层农技服务部门后继乏人，农业发展面临人才缺口，适应不了现代农业发展需求。

（二）龙头企业数量偏少，带动作用不很理想

缺少一批规模大、带动强、品牌亮的大型龙头企业。现存的农业龙头企业总体表现为规模不大、实力较弱、辐射带动能力不强，缺乏先进技术、市场占有率较低等问题。农村一二三产业融合发展程度不高。产品结构方面，初加工、粗加工多，深加工、精加工相对较少，附加值低。产业化利益联结机制方面，农业产业一体化组织内部结构较为松散。下游产业特别是农产品加工业发展滞后，产业链衔接不紧密，中间组织发育不够，交易费用较高。合作社、家庭农

① 资料来源：http：//nw. xiangyang. gov. cn。

场的现状仍然是规模小、实力弱，存在经营管理水平整体不高、产业间发展不平衡、联合社发展不充分等问题，带动小农户的功能作用还有很大发挥空间。

（三）经营主体尚需培育，规模化水平不高

2016年，全市农业经营户84.89万户，其中规模农业经营户2.07万户，在工商部门注册的农民合作社总数6877个。规模农业经营户农业生产经营人员中高中（中专）及以上学历仅为11.4%。农业生产经营人员受教育程度并不理想，缺乏先进农业生产技术和经营管理理念。另外，权责界定不够明确，利益联结不紧密，阻碍了新型农业经营主体的快速发展。农业劳动力兼业化、老龄化现象明显，规模化水平普遍不高，耕地资源仍然处于小农户“各自为政”的状态。土地流转制度放开及规范不够，土地经营面积普遍偏小，资源配置缺乏效率，规模效益得不到体现。近年来农业生产的劳动力实际工资增速较快，劳动力机会成本显著提高，劳动力工资也将对农业生产带来新的挑战。

（四）绿色转型仍有难度

历史上长期靠拼资源、拼投入的粗放型农业增长方式，导致农业资源过度开发，生态环境压力较大。虽然有机农业的概念越来越被大众接受，但农业生产主体多、链条长、范围广，现实仍存在使用化学肥料、农药、农膜以及污水灌溉情况，造成环境污染、耕地质量下降，对生态环境、食品安全和农业可持续发展构成威胁。另外，由于农户自身存在知识障碍、经济障碍以及市场障碍，同时普遍存在投入成本高、回收周期长的情况，农业绿色防控技术推广难度大，农业生产经营人员绿色转型意愿普遍不强，企业牵动、政府补贴在很多生态农业的发展中占有主导动力作用。

（五）还需提升农业科技贡献率

现代农业是社会资本、技术创新和组织形式的有机融合，要求充分利用先进生产技术、机械装备及高端人才等现代要素，拓展农业发展空间，提升农业产品竞争力。目前，襄阳农业产业和第二、第三产业相比，比较弱势，在资源禀赋一定的情况下，只有通过科技创新提高比较优势来提升竞争力。2017年，我国农业科技贡献率达到57.5%，标志着已从过去依靠增加资源要素投入为主转入主要依靠科技进步的新时期，但距离发达国家平均70%~80%的水平仍

有较大差距。从数据上来看，襄阳农业综合机械化水平、农田有效灌溉面积、主要农作物良种覆盖、新技术新成果的应用均有长足进步，但要素多集中在生产加工环节，整个产业化生产科技含量较低，农产品成本高，农产品深加工及产业链条延伸、市场开拓都不够理想。另外，作为现代农业和农民增收的重要支撑，农业机械化和农机装备方面仍还有不小的空间。

（六）特色农业发展面临制约

襄阳特色农业取得了较大发展，已经呈现出由数量型到质量型、由单一型到多样型、由原料型到加工型的转变特点，但同时也存在不少制约特色农业发展的因素和问题。一方面，经营人员素质偏低、生产规模偏小、农产品同质性制约了特色农业的发展。另一方面，产业链条不完善、品牌化经营意识不强、市场化水平低等也给特色农业的推广和发展造成了困难。

第三节　襄阳农业竞争力提升路径建议

一、继续深入推进农业供给侧结构性改革

“十三五”期间，中央全面推进农业供给侧结构性改革，着力解决国际国内农业资源配置、三次产业之间资源配置、农业内部产业之间资源配置不合理问题。通过一系列政策措施在供给端化解农业过剩产能，调整和优化农业产业结构，扩大农业有效供给，解决供需结构性矛盾，将有利于襄阳加快农业生产要素自由流动，充分发挥市场在农业资源配置中的决定性作用，培育农业比较优势，提升农业竞争力。要以构建现代农业产业体系、生产体系、经营体系为抓手，加快推进现代农业发展。以市场需求为导向，调整农业产品结构和生产结构，改进农业要素组合方式，优化农业资源配置，不断减少低端、无效供给，扩大有效和中高端供给。做优主导产业，做精特色产业，做大新兴产业，

做强开放型农业，不断提升湖北省现代农业质量效益和市场竞争力。

二、创新农业组织形式，培育新型经营主体

农业是高度依赖自然资源的产业，土地规模决定了种植业基础竞争力，进而决定了养殖业的基础竞争力。要提升襄阳农业竞争力，首先要提升基础竞争力，解决农业高成本、低效率的状况。积极培育家庭农场、种养大户、合作社、农业产业化龙头企业等新主体，推进土地入股、土地流转、土地托管、联耕联种等，促进农业适度规模经营，发展农业社会化服务组织，构建企业与农户的利益联结机制，实现农业规模化、产业化、资本化运营。龙头企业应尝试与农民合作社实行股份制联盟，发挥各自的优势，以合作社为纽带，形成企业带合作社、合作社连农户的经营模式。

三、落实切实可行的技能培训，提高经营主体综合素质

习近平在2016年主持召开农村改革座谈会上明确要求："发展现代农业，要在稳定粮食生产、确保国家粮食安全基础上，着力构建现代农业产业体系、生产体系、经营体系，加快构建职业农民队伍，形成一支高素质农业生产经营者队伍。"要采取切实有效的措施，不断提高农业经营主体的综合素质。加大对经营主体的农业生产技能的培训，培养产品意识、竞争意识和品牌意识，提高经营主体的经营管理能力、科学素养。通过各类职业院校和培训机构，免费开展农村实用人才培训，推广农业职业技能鉴定和农民技术职称评定工作，重点培养一批农业产业化发展急需的年纪轻、素质高、懂技术、会经营的新型农民，切实解决农业产业化推进中人才紧缺的问题。

四、加强农业标准化、品牌化建设

当前，襄阳农业已进入农业品牌重点培育、加快发展的新阶段，应与区域

优势相结合打造地域品牌、与安全绿色相结合打造产品品牌、与原料基地相结合打造企业品牌。遴选推介一批叫得响、过得硬、有影响力的农业品牌，强化品牌质量管控，建立品牌目录制度，实行动态管理，确保品牌“含金量”。一是构建以市场为主体的政府、协会和企业共同推进农业品牌化的机制，搞好宣传推介。二是努力实现品牌化与产业化、规模化、标准化、组织化良性互动，发挥好区域公共品牌的示范引领作用，提升优质农产品市场占有率和品牌美誉度。三是强化标准化意识，提高品牌科技含量，实现优质化、特色化、标准化、品牌化。

五、加强基础设施建设，推广农业保险

农业对基础设施建设的依赖性较强，基础设施建设的过程也是城镇农业产业发展的过程。要积极争取农业基础项目，捆绑利用土地整理、高产农田建设、低丘岗地改造等各项农业建设项目，疏通河道畅通，加快流转区农田基础设施建设，提高农业抗风险能力。把社会事业发展的重点放在农村和接纳农业转移人口较多的城镇，加快推动城镇公共服务向农村延伸。尝试根据农民意愿统一连片整理耕地，尽量减少田埂，扩大耕地面积，提高机械化作业水平。另外，针对目前的大田作物农业保险保额偏低、赔偿金额难以弥补亏损等突出问题，鼓励商业保险机构开发适应新型农业经营主体需求的多档次、高保障保险产品，探索开展产值保险、目标价格保险等试点。

六、推进特色农业产业提质增效

发展特色农业是农业结构战略调整、提高我国农业竞争力的要求，是增加农民收入的迫切需要。特色农产品将是襄阳农业竞争力最具发展潜力的部分。要找准地方特色，围绕各类特色农产品，打造标准化产业基地，融入科技创新要素，精心布局、专业化生产经营、品牌化发展。发展特色农业要从特色农业的价值链入手，构建生态高效特色农业产业体系，提升特色农业及相关产业的

品牌价值、生产效率、流通效率，提高其产品的科技附加值、绿色附加值和深加工度水平。当前应大力推进稻虾共作、襄茶扩能提质、有机农业、农产品加工、襄阳牛肉面、休闲农业和乡村旅游、农村电商七大特色产业提质增效，形成优质高效的特色产业发展架构。同时，政府也应当加强政策引导，避免产业分散化，为特色农业产业集聚提供良好的环境。

第十五章　推进我国农业高质量发展的几点思考

我国经济已由高速增长阶段转向高质量发展阶段，高质量发展需要新的理论和新的实践做出新的探索。农业作为国民经济的基础，也要适应并遵循这一趋势，向高质量发展阶段迈进。我国农业从速度经济追求阶段转向高质量经济发展阶段，必须加快建设现代农业体系，这是跨越转变农业发展方式、优化农业经济结构、转换农业增长动力的迫切要求。推动农业高质量发展是一篇大文章，既是一个重大理论命题，更是一个重大实践课题，需要从理论和实践的结合上进行深入探讨。

第一节　推进农业高质量发展的总体要求

一、指导思想

必须正确领会农业高质量发展的深刻内涵。一是立足于国家高度的宏观层面，要正确认识农业高质量发展是农业经济增长稳定、城乡发展均衡、农业绿色发展、惠及全体人民的经济增长方式。二是立足于产业层面，要正确认识农业高质量发展是指农业产业布局优化、农业结构合理，科技不断创新，效益不断提升的经济增长方式。三是立足于企业层面，要正确认识农业高质量是农业企业竞争力明显、质量可靠、品牌影响力显著、企业管理理念先进的经济增长方式。正确认识经济高质量发展是国家治理、经济、社会、文化和生态多维度协调发展的结果。

推进农业高质量发展，必须坚持以习近平“三农”思想为指导，深入贯彻党的十九大精神，全面实施质量兴农战略，把握“高质量发展”的实践性、时代性、阶段性、多维性和层次性等特征，最优化地统筹实现“创新、协调、绿色、开放、共享”发展，推动农业政策由增产导向转向提质导向，加快农业发展方式由高速增长转为高质量发展。

二、具体目标

实现农业高质量发展，需要处理好生态目标与经济目标、数量目标和质量目标、政府与市场、长期目标与短期目标之间的关系。高质量发展是发展观念的转变，是增长模式的转变，是发展动力的转变，是资源配置方式的转变。从经济发展理念看，高质量发展是充分的发展、均衡的发展。从经济增长过程看，高质量增长是包含了发展方式、发展结果、民生共享等多个维度的全面提升。具体来说，农业高质量发展的目标是：努力达到产品质量高、产业效益高、生产效率高、经营者素质高、市场竞争力高、农民收入高“六高标准”。

第二节　推进农业高质量发展需要注意的几个方面

一、既要做好顶层设计，也要上下结合

国家层面决定农业高质量发展的方向问题。同时，也要考虑基层的实际情

况，注重“实践性”导向。在处理全国层面和地方层面的问题时需要把握主要矛盾的共性与个性特征。

二、建立中国特色的农业高质量发展理论分析框架

建立起高质量发展的经济学标准与分析范式，以及高质量发展的指标体系、统计体系、政策体系、绩效考核体系等评判体系。

三、健全政府与市场的双强驱动机制

明确政府在农业高质量发展过程中的职责权限，发挥其监督预警功能，减少系统性风险。创建种类和层次多元、规则完善、运行高效的市场体系，发挥市场的决定性作用。

四、系统研究推动农业高质量发展的工作思路

以新时代为背景，综合多种因素，系统思考推动高质量发展的理论逻辑、战略目标、战略重点、高质量发展的实现路径及动力转换。

五、以全球化视角研究农业高质量发展

构建高水平农业开放型经济，主动融入“一带一路”倡议，创建农业国际合作新格局，深度参与全球农业治理，不断提升农业制度性话语权。

第三节 推动农业高质量发展的思路

一、发挥政府政策导向、驱动、调控作用

积极发挥政府在农业高质量发展中的促进作用，增强政策的前瞻性和系统性，强化政策的实效性和针对性。以规划为平台合理布局产业，促进特色产业发展；创新投融资机制，建立开放合作机制；全方位、多渠道培养农业经济和技术人才；提高产业的综合效益。加大扶持力度，完善基础设施建设，补齐农业农村发展短板。强化要素支撑，优化推进机制，协调区域农业高质量发展一体化发展。

二、继续深入推进农业供给侧结构性改革

坚持农业农村优先发展的总方针，以实施乡村振兴战略为总抓手，深化农业供给侧结构性改革，夯实农业基础，以质量为导向，以优化农业产能、提升供给效率、增加农民收入为目标，全面激活市场、要素、主体，提高农业供给体系质量和效率，使农产品供给数量充足、品种和质量契合消费者需要，形成结构合理、保障有力的农产品有效供给。

三、着力推进农业三大体系建设

产业体系上延伸产业链和发挥农业多功能性。优化农业重点产业区域布局，打造产业集群，发展现代农业产业园。大力发展特色高效产业，促进农业由增产向提质导向转变，持续增强我国农产品的国际竞争力。

生产体系上突出以现代要素替代传统要素，改革完善财政补贴政策，深化粮食收储制度和价格形成机制改革，完善农村金融保险政策和农产品贸易调控政策，保护和调动农村积极性，促进农业产业健康发展。用现代物质装备武装农业，用现代科学技术服务农业，用现代生产方式改造农业，推进农业科技创新和成果应用，注重以现代要素替代传统要素，用技术进步替代传统生产要素，用“工业思维”来发展农业生产。合理控制、施用化肥和农药。强化农业技术推广，提高农业生产的现实生产力。

经营体系上强化农业市场竞争力，积极探索构建以龙头企业为主导、农民合作社为纽带、家庭农场为基础的现代农业产业化联合体，建立利益联结机制。健全农业社会化服务体系。加大对农业从业人员生产技能的培训，培养产品意识、竞争意识和品牌意识，提高经营管理能力，提升科学素养，形成一支高素质农业生产经营者队伍。

不断推进农村一二三产业融合发展。调整优化农业产品结构、产业结构和布局结构，挖掘农业的生态价值、休闲价值、文化价值，加快发展乡村旅游等现代特色产业，发展多类型农村产业融合方式，延长产业链、提升价值链。

大力推进农业生产标准化规范化，健全完善农业标准化体系和认证体系。构建符合我国国情的风险预警体系。

发展农业机械化服务，提升农机装备产业科技创新能力，提高农业机械化水平。

四、提高产品质量，打造知名品牌

提高产品生产的质量。淘汰高能耗、高污染与质量低劣的落后产能。提高投入要素的质量，提高产出的产品质量，全面建设世界农业品牌强国。扎实有效推进农产品质量监管体系建设。加快创建全程质控模式，推广应用适宜关键技术。进一步修订完善《农产品质量安全法》，完善政府各级监管部门之间的协调机制，建立起科学、有序、严格的食品安全治理机制，切实有效保障农产品质量安全。

积极创建、打造知名品牌，做大做强龙头企业及区域农产品品牌，支持发展“三品一标”农产品、打造区域公用品牌，提高产品品牌的质量，强化品牌质量管控。培育一批具有国际竞争力、国际知名品牌的农业企业集团，有效整合国内、国外农业产业链资源，提升我国农产品国际市场竞争力。

五、提升科技水平，坚持绿色发展

积极推广应用农业科技，着力增强农业科技供给与应用能力。加快建立一批现代农业产业科技创新中心，不断提升成果转化和服务区域发展水平，强化国家农业科技创新联盟建设，提高科技资源共享利用效率和协同创新合力。

坚持农业绿色发展的理念，坚持绿色发展，要把“绿水青山就是金山银山”的理念贯穿到农业发展的全过程。提高农业资源的使用率，积极改变农业以往过度消耗、严重浪费的生产模式。

六、提高农业从业人员的整体素质

培育一批爱农村、懂农业、善经营、会管理的新型职业农民和各业带头人。大力发挥乡贤作用，培育、挖掘、发挥乡贤文化，助力农业高质量发展。加强农村集体经济发展的顶层设计、工作实施和责任考核，加强农村集体经济发展的组织、制度和机制建设，加快发展村级集体经济。不断创新乡村治理体系，着力构建党组织领导下的自治、法治、德治相结合的乡村治理新体系。

七、深化土地制度改革

继续深化土地制度改革，提高土地资源配置效率，探索宅基地所有权、资格权、使用权“三权分置”，落实宅基地集体所有权，探索盘活利用农村闲置农房和宅基地，提高农村资源的配置效率，增加农民财产性收入。进一步建立健全法律制度和政策措施，妥善解决农业规模经济的问题。从政策扶持上落实农业农村优先发展。着重在集体经营性建设用地入市、土地征收制度改革、农村宅基地制度完善、“多规合一”改革、永久基本农田保护等方面进行制度创新。

八、改善农村人居环境

按照全面建成小康社会和建设社会主义新农村的总体要求，以民生基本保障为底线，以村庄环境整治为重点，以建设宜居村庄为导向，全面改善农村生产生活条件。科学施策，大力推进农村“厕所革命”，实施农村污水治理工程，实施农村生活垃圾专项整治，改造提升农村住房，推动农业废弃物资源化利用，促进乡村宜居宜业宜游。

九、促进小农户与现代农业发展有机衔接

加快构建扶持小农户发展的政策体系，促进传统小农户向现代小农户转变，实现小农户与现代农业发展有机衔接，持续增加与拓宽农民增收渠道，提升群众幸福指数。鼓励新型农业经营主体与农民开展“合股联营”，完善利益联结机制，把小农生产引入现代农业发展轨道。因地制宜推进土地入股、土地流转、土地托管、联耕联种等多种经营方式，形成“大集群、小单元”，立足实际发展农业适度规模经营，推动家庭经营、集体经营、合作经营、企业共同发展。发挥新型农业经营主体的带动作用，开展农超对接、农社对接，帮助小农户对接大市场。

十、打造数字农业、智慧农业

强化农业大数据应用，构建农业农村数据资源体系。推动农业全产业链数字化改造和提升，加强数据采集、整合、传输、共享，强化农业大数据应用。发展智慧农业，推进农业物联网试验示范，利用物联网技术，实现农业场景应

用的可视化远程诊断、远程控制、灾变预警等智能农业管理。

十一、加强农业对外开放合作

加快推进“一带一路”倡议，支持“一带一路”沿线国家开展愿景对接和政策对话，寻求农业合作利益契合点和最大公约数，坚持“引进来”与“走出去”并重，统筹利用国内外两种资源两个市场，鼓励参与境外农业投资与合作，全面提升农业对外开放的广度和深度。积聚各国农业发展优势，充分挖掘合作潜力，构建相互依存、互利共赢、平等合作、安全高效的“一带一路”新型农业国际合作关系。

十二、发展集体经济，提升基层治理能力

发展壮大农村集体经济。鼓励村集体以可支配的资源、资产、资金等要素为依托，以村为单位组建劳务服务公司，成立专业合作社、协会等各类合作经济组织，探索建立符合市场经济要求的集体经济运行新机制。

以提升组织力为重点，突出政治功能，健全基层组织，优化组织设置，理顺隶属关系，创新活动方式，扩大基层党的组织覆盖和工作覆盖。要加强企业、农村、机关、事业单位、社区等各领域党建工作，推动基层党组织全面进步、全面过硬。

创新乡村治理模式，推进基层党组织协同治理能力创新，健全和完善基层多元治理体系，强化政治功能和价值引导作用，打牢信仰定力，巩固基层党组织建设，营造基层良好的政治生态，加强干部管理，提高基层党员干部素质。

十三、提高农业机械化水平

实施农机购置精准补贴，推动农机装备的研发、示范与推广，提升农机装备质量；着力农机化服务形式与内容的创新，推动农机化服务的供给侧结构性

改革，提高服务效率；实施精准培训，提升农机服务主体的素质和能力；围绕农机化高质量发展目标，对农机化服务内涵和环节进行完善。

十四、构建科学的农业高质量发展评判体系

加快形成推动高质量发展的指标体系、政策体系、标准体系、统计体系、绩效评价、政绩考核。通过理论与实践的结合构建出能够反映农业经济发展质量的指标，确立一套完整的、科学的、统一的评判体系，服务于新时代我国农业的高质量发展。

第十六章 农业高质量发展现状及对策
——以湖北为例

湖北是中国重要的工农业省份，自古就有“湖广熟，天下足”之美誉，自中华人民共和国成立以来一直是全国重要的农产品生产基地，承担着维护国家粮食安全的重大政治责任。推动农业高质量发展，是适应我国社会主要矛盾变化和全面建成小康社会、全面建设社会主义现代化国家的必然要求，更是遵循经济规律发展的必然要求。农业高质量发展是湖北经济社会高质量发展的重要内容之一。

第一节 湖北农业高质量发展的总体评价

湖北是中国重要的农业大省，农业总体稳中向好①。如“十二五”期间，农业综合生产能力稳定增强，农业强省建设取得明显成效。2015 年全省粮食产量时隔 18 年后再创历史新高，粮食产量达到 2700 万吨，实现“十二连增”。农业结构调整成效显著，农村一二三产业融合发展加快。农民收入增速快，“十二五”期间全省农民收入以平均每年超过 1000 元的势头增长，

① 成艾华，蒋杭．湖北省农业供给侧结构性改革面临的问题及对策研究［J］．湖北农业科学，2017，56（23）：4624-4627，4631.

增速连续 5 年高于全国平均水平，增幅连续 5 年超过全省城镇居民收入。农业农村改革稳步推进，新型农业经营主体加快发展壮大，农业发展活力不断激发。启动建设了一批国家级和省级现代农业示范区，在创新农业经营体制机制、推进农业转型升级等方面发挥了有力的示范带动作用。“十三五”期间，通过供给侧调整加快了农业生产要素的自由流动，提升农业竞争力。“互联网+”与现代农业深度融合也成为打造湖北智慧农业升级版的新引擎①。随着城乡居民生活水平明显提高，消费观念转变和消费结构升级，农产品消费总量将进一步增加，对多元、高质、优价、安全农产品的需求更大，积极推动了农业高质量发展的进程。多重发展战略叠加为农业发展提供了良好契机。“一带一路”倡议、中部崛起战略、长江经济带战略以及武汉城市圈两型社会综合配套改革试验区建设、大别山革命老区振兴发展、鄂西生态文化旅游圈建设等重大战略的实施，有利于推动湖北省优化农业区域布局，推动农业高质量发展。

辛岭等（2019）研究发现，我国农业高质量发展综合水平不高，呈现东部地区>中部地区>西部地区的整体趋势，如本书第十三章中表 13-6 所示。经济发展水平、资源禀赋以及农业发展方面的比较优势、相对劣势等不可避免地导致各省份的农业高质量发展水平存在的差距。②

孟祥兰等（2019）从经济发展、创新发展、绿色发展、协调发展和民生发展五个高质量发展维度构建了湖北高质量发展评价体系，并采用加权因子分析法对湖北 16 个地市高质量发展水平进行综合评价。研究成果表明湖北在高质量发展过程中存在区域和领域间发展不平衡、不充分的问题：武汉市的高质量发展水平远超于其他地市，但绿色发展高质量维度方面却仅列全省第七；襄阳和宜昌位列第二和第三，但绿色发展水平则处于全省下游；高质量发展水平一般的城市有仙桃、荆门、孝感、十堰、潜江和鄂州，表现出

① 资料来源：省人民政府关于印发湖北省农业发展“十三五”规划纲要的通知［EB/OL］. http：//nyt. hubei. gov. cn/zdzl/sswgg/200021242. htm.

② 辛岭，安晓宁 . 我国农业高质量发展评价体系构建与测度分析［J］. 经济纵横，2019（5）：109-118.

领域间的发展不平衡；下一级别的高质量发展水平地市则是黄石、天门、恩施、咸宁，这些地市都有某一领域发展水平位列全省末位；高质量发展水平则是随州、荆州和黄冈，在推动经济转型升级、产业结构调整方面还有待提高，① 如表 16-1 所示。

表 16-1　湖北 16 地市高质量发展水平综合得分

地市	武汉市	黄石市	十堰市	宜昌市	襄阳市	鄂州市	荆门市	孝感市
得分	1.95	-0.22	0.05	0.22	0.34	-0.1	0.1	0.1
排名	1	10	7	3	2	9	5	5
地市	荆州市	黄冈市	咸宁市	随州市	恩施州	仙桃市	潜江市	天门市
得分	-0.51	-0.53	-0.39	-0.51	-0.32	0.14	-0.04	-0.27
排名	14	16	13	14	12	4	8	11

第二节　湖北农业高质量发展的约束性因素

中部地区是全国重要的原材料和农副产品基地，历来是我国重要的农业生产基地，也是我国“三农”问题最突出的地区。湖北在中部崛起中占有极为重要的战略地位，作为中部地区农业大省，湖北农业是中部崛起的“生命产业”“优势产业”“支柱产业”和“品牌产业”。推进农业现代化是湖北重大的政治责任。但目前整体上湖北农业现代化水平不高，农业产出率、资源利用率与农业大省的地位还不相称，湖北仍处于农业大省向农业强省跨越阶段。

① 孟祥兰，邢茂源．供给侧改革背景下湖北高质量发展综合评价研究——基于加权因子分析法的实证研究［J］．数理统计与管理，2019，38（4）：675-687.

一、供给侧结构失衡，基础设施薄弱

供给侧结构失衡主要表现为：一是产业结构失衡。农业经济供需失衡、农业集约化水平偏低、产业化经营水平不高、农业科技支撑能力不强。农产品的加工业产值与农业产值之间存在较大差距，农业中的真正价值难以体现。城乡要素对流不畅。二是农村劳动力结构失衡，农业发展面临人才缺口，适应不了现代农业发展需求。全省农村“空心化”现象突出，农村劳动力结构性矛盾和农业用工季节性短缺问题仍然存在，实用型人才“青黄不接”，基层农技服务部门后继乏人，全省农业发展面临人才缺口。农业基础设施和环境容量仍是农业发展短板。设施农业发展缓慢，主要作物机械化作业瓶颈亟待突破①。

二、经营主体尚需培育，规模化水平普遍不高

经营主体上主要是认清“谁来种地”的问题。农业劳动力兼业化、老龄化现象明显，规模化水平普遍不高，耕地资源仍然处于小农户“各自为政”的状态。土地流转制度放开及规范不够，特色项目特点不突出，资源配置缺乏效率②。2016 年，全省农业经营户 872.07 万户，其中规模农业经营户 18.36 万户。在工商部门注册的农民合作社总数 7.05 万个。小规模生产制约着农业现代化的进程。农业生产经营人员受教育程度构成方面，大专及以上湖北仅占比 0.8%，与全国平均数据 1.2%相比有较大差距。规模农业经营户农业生产经营人员占比为 1.2%，也小于全国 1.5%的平均数据③。可见，农业生产经营人员受教育程度并不理想，缺乏先进农业生产技术和经营管理理念。另外，权责界定不够明确，利益联结不紧密。缺乏专业市场分析和经营管理人才，阻碍

① 梅学书，高洁，黄璨，赵清强．以供给侧结构性改革为抓手促进湖北农业再上新台阶［J］．决策与信息，2018（7）：10-26.

② 张琪．基于 SPSS 的湖北各市州规模化农业功能倾向分析［J］．南方农机，2018（7）：20.

③ 湖北省第三次全国农业普查主要数据公报［N］．湖北日报，2018-01-20（008）.

了新型农业经营主体的快速发展。支持政策有待系统化。近年来农业生产的劳动力实际工资正以每年约8%的速度增长，劳动力机会成本显著提高，劳动力工资也将对农业生产带来新的挑战①。

三、绿色转型难度大

长期靠拼资源、拼投入的粗放型农业增长方式，导致农业资源过度开发，生态环境不堪重负。虽然有机农业的概念越来越被大众接受，但仍存在使用化学肥料、农药、农膜以及污水灌溉情况，造成环境污染、耕地质量下降，对生态环境、食品安全和农业可持续发展构成威胁。另外由于农户自身存在知识障碍、经济障碍以及市场障碍，以及普遍存在投入成本高、回收周期长的情况，农业绿色防控技术推广难度大，农业生产经营人员绿色转型意愿普遍不强。很多生态农业的发展都是依靠企业牵动、政府补贴发展起来的。在环境卫生方面，湖北省第三次全国农业普查数据显示，2016 年末，全省 97. 0%的乡镇生活垃圾集中处理或部分集中处理。77. 2%的村生活垃圾集中处理或部分集中处理，但仅 14. 8%的村生活污水集中处理或部分集中处理。在农民生活卫生设施方面，36. 5%的农户使用水冲式卫生厕所的 341. 92 万户，6. 1%使用水冲式非卫生厕所，使用卫生旱厕的多达占 13. 2%，普通旱厕占 42. 9%，无厕所占 1. 2%②。

四、产业竞争力尚需增强

存在农业龙头企业总体规模不大、实力较弱、辐射带动能力不强，缺乏先进技术、市场占有率较低等问题。产品结构方面，初加工、粗加工多，深加工、精加工少，附加值低。产业化利益联结机制方面，农业产业一体化组织内

① 黄季焜 . 新时期的中国农业发展：机遇、挑战和战略选择［J］. 中国科学院院刊，2013（3）：295-300.

② 湖北省第三次全国农业普查主要数据公报［N］. 湖北日报，2018-01-20（008）.

部结构相对松散。产业化布局方面，地区协调不够，重复建设普遍。下游产业特别是农产品加工业发展滞后，产业链衔接不紧密，中间组织发育不够，交易费用较高。缺少一批起点高、规模大、带动强、品牌亮的大型龙头企业。农村一二三产业融合发展程度不高。农业供给侧结构性改革在“十三五”乃至更长时间内，都是中国农村经济工作的主线。农业供给侧结构性问题，是新常态下农村经济发展的主要矛盾之一，需要长期努力来解决①。

第三节　湖北农业高质量发展的对策与建议

一、建立和完善高质量发展的制度安排

“十三五”期间，中央全面推进农业供给侧结构性改革，着力解决国际国内农业资源配置、三次产业之间资源配置、农业内部产业之间资源配置不合理问题。通过一系列政策措施在供给端化解农业过剩产能，调整和优化农业产业结构，扩大农业有效供给，解决供需结构性矛盾，将有利于湖北省加快农业生产要素自由流动，充分发挥市场在农业资源配置中的决定性作用，培育农业比较优势，提升农业竞争力。坚持现代化大农业发展方向，加快构建现代农业产业体系、生产体系、经营体系三大体系。实施结构调整行动，推进产业集群集聚发展。做优主导产业，做精特色产业，做大新兴产业，做强开放型农业，不断提升湖北省现代农业质量效益和市场竞争力。湖北农业区域发展情况千差万别，重构一个高效的省内“纵向治理体系”，通过鼓励区域发展竞争来提高地方政府的农村治理能力，有利于提高经济发展活力。打造省内各区域之间的“横向治

① 梅学书，高洁，黄璨，赵清强．以供给侧结构性改革为抓手促进湖北农业再上新台阶［J］．决策与信息，2018（7）：10-26.

理体系”，推动地方政府间的竞合关系。实现国土资源利用效率较高、要素密集程度较大、生态容量适度、区域发展差距较小的现代化经济体系的空间结构。

二、以提高质量效益为核心，建设现代农业产业体系

建设现代农业产业体系，是保持农业农村经济发展具有旺盛活力的前提和基础。以提高质量效益为核心，培育各种新型农业经营主体，推动农业产业结构调整和经营方式转变，建设和完善湖北现代农业产业体系。促进产业融合发展，培育农业农村发展新动能。推进“大数据+现代农业”“互联网+现代农业”“旅游+现代农业”，培育农村新产业、新业态。

三、推动资本下乡及人才回归，改善供给主体结构

农村一二三产业融合通过让农业参与到更大范围内的社会分工中而使农业获益。推动农村一二三产业融合发展，离不开专业大户、家庭农场、农民合作社、农业龙头企业等新型农业经营主体的广泛参与。培育多元化农村一二三产业融合主体，对于促进湖北农业、农村经济发展方式转变，具有重要的现实指导意义。民间投资是重要的供给主体结构，民间投资的发展可以促进供给主体结构的优化，增强民间投资对经济增长的拉动力。进一步开放投资领域、优化投资环境。鼓励和引导企业、返乡能人、下乡人员开发农业农村资源。实施主体提升行动，建立一支新型职业农民队伍。推进小农户与现代农业发展有机衔接，让小农户分享农业产业链增值收益。推动乡贤治理回归，增强乡村的治理力量。借助乡贤整合乡村内外各种社会资源，凝聚村民共识。在乡村治理中形成多元治理主体的合力，弥补现行治理体系的不足，提升乡村公共服务的能力①。发挥农民工特别是新生代农民工创业群体的潜能。坚持返乡创业与脱贫攻坚、政府引导与市场主导相结合，坚持平等受惠和差别帮扶、示范引领和全

① 李建兴．乡村变革与乡贤治理的回归［J］．浙江社会科学，2015（7）：82-87.

面推进相结合，全方位优化创业环境。落实《全省农民工等人员返乡创业三年行动计划》，激发农民工等人员返乡创业热情，吸引更多外出能人回乡创业，推动更多人才、技术、资本等资源要素向农村汇聚，促进人员回归、资金回流、项目回迁，为乡村振兴注入新动能。

四、发展生态农业，助推农业绿色发展

生态农业是农业现代化的重要组成部分，也关系到农业的可持续发展。应将发展生态农业纳入各地区政府的农业考核指标中，从制度上保障生态农业的实施。继续抓好资源节约型、环境友好型社会建设，形成节约资源和保护环境的空间格局、产业结构、生产方式、生活方式，推动村庄环境整治常态化、长效化。加强产地环境的监控与治理，开展植树造林活动以提高林地指数，合理加大水资源开发力度，改善农田排水系统，逐步加大生物农药施用量的比重。另外，湖北各地自然条件、生态环境、资源状况和社会经济条件差别较大，应根据地方的特点，趋利避害、扬长避短，选择“最佳”生态农业模式。

五、加强农业标准化、品牌化建设

品牌是企业无形资产总和的全息浓缩，已成为一种战略性资产和核心竞争力的重要源泉。推进农业品牌化，对于加速我国农业转型升级、促进农民增收、满足消费升级需求和提升农业国际竞争力具有重要意义。湖北农业处于传统农业向现代农业的转型期，面临城乡一体化、市场化、国际化程度不断加深的新形势①。当前，湖北农业已进入农业品牌重点培育、加快发展的新阶段，应与优势区域相结合打造“湖北粮，荆楚味”地域品牌、与安全绿色相结合打造产品品牌、与原料基地相结合打造企业品牌。一是构建市场为主体的政

① 张玉香．牢牢把握以品牌化助力现代农业的重要战略机遇期［J］．农业经济问题，2014，35（5）：4-7.

府、协会和企业共同推进农业品牌化的机制，搞好优质粮油品牌的宣传推介，虾香稻、富硒米、菜籽油等地域特色品牌的培育工作。二是努力实现品牌化与产业化、规模化、标准化、组织化良性互动，发挥好区域公共品牌的示范引领作用，支持潜江龙虾、宜昌蜜橘、房县花菇、秭归脐橙等龙头企业做大做强，提升优质农产品市场占有率和品牌美誉度。三是强化标准化意识，提高品牌科技含量，实现优质化、特色化、标准化、品牌化。

六、加强基层政府的治理能力建设

税费改革后，村级组织在农村政治、经济、社会生活中所发挥的作用严重下降，整合社会功能弱化。而村级组织是党和政府联系广大农民群众的桥梁，是党在农村最重要的执政基础。切实增强村级组织的治理能力，充分发挥村级组织的作用，是推动社会主义新农村建设顺利进行的必然要求。充分发挥村“两委”作用，不断提高村级组织社会管理和公共服务的能力和水平。壮大农村新型集体经济以夯实乡村治理的经济基础，推进社会管理和公共服务，建立多元乡村治理体系，发挥新型农业经营主体的示范带动作用。着力构建党组织领导下的自治、法治、德治相结合的乡村治理新体系。进一步总结提炼和推广湖北大冶“党建引领·活力村庄”、秭归“村落自治”典型经验，结合实践创新，因地制宜探索乡村治理有效实现形式①。

从高速增长阶段转向高质量发展，无论是在理论上还是在实践中都是一个重大挑战和艰巨任务。应深刻把握习近平总书记重要讲话的核心要义和精神实质，以全国的视角、历史的眼光、横向对比的角度，坚持理论联系实践，客观考量湖北农业高质量发展的优势、劣势，充分发挥湖北农业资源大省、科教大省优势，走出一条产出高效、产品安全、资源节约、环境友好的农业高质量发展之路。

① 肖伏清．不忘初心　牢记使命　推动湖北农业农村高质量发展［N］．农民日报，2019-07-20(003).

参考文献

［1］白雪瑞．中国农业增长方式转变问题研究［D］．东北农业大学，2007.

［2］曹琳．提升中国农业软实力的品牌战略研究［J］．济南大学学报（社会科学版），2012，22（5）：26-29.

［3］曹阳，刘洋，张艳，刘序．区域农业规划与农业竞争力研究概述［J］．广东农业科学，2011，38（17）：188-191.

［4］曹执令．区域农业可持续发展指标体系的构建与评价——以衡阳市为例［J］．经济地理，2012，32（8）：113-116.

［5］陈俊钦．发展品牌农业面临的困境与应对策略［J］．福建农业，2017（Z1）：11-12，14.

［6］陈锴．农业结构调整、农业多功能性与农民收入变化——基于长三角苏、浙、沪地区的实证研究［J］．经济问题，2011（11）：82-86.

［7］陈淑玲，侯代男．新型农业经营主体的培育与农村地区经济转型升级问题研究［J］．农业经济，2019（7）：30-32.

［8］陈卫平．农业国际竞争力理论初探［J］．财经问题研究，2003（1）：66-69.

［9］陈锡文．促进农村新产业新业态健康发展推进农业供给侧结构性改革不断深化［J］．现代农业装备，2017（3）：8.

［10］成艾华，蒋杭．湖北省农业供给侧结构性改革面临的问题及对策研究［J］．湖北农业科学，2017，56（23）：4624-4627，4631.

［11］迟福林．转向高质量发展，要突出强调动力变革［J］．环境经济，2018（5）．

［12］丛林楠．“一带一路”战略下农民工劳工转型路径分析［D］．烟台大学，2016.

［13］崔元锋，严立冬，陆金铸，屈志光．我国绿色农业发展水平综合评价体系研究［J］．农业经济问题，2009，30（6）：29-33.

［14］杜秦川．推动高质量发展需要把握好几个重要性质［J］．中国物价，2018（11）：7-9.

［15］杜文忠，耿鹏鹏，胡燕萍．创新驱动视角下广西农业科技创新能力评价——基于熵值和 TOPSIS 法物元评价模型［J］．科技管理研究，2019，39（9）：82-89.

［16］杜志雄．全面准确理解习近平现代农业三大体系建设思想［J］．中国农村科技，2018（7）：6.

［17］范润梅．农业结构变动对区域农业经济增长的影响机制探讨［J］．商业经济研究，2015（12）：114-115.

［18］冯海发．构建现代农业“三个体系”加快推进农业现代化［J］．农业经济与管理，2017（5）：9-12.

［19］冯明亮．我国农业结构调整的经验与启示（上）［N］．中国经济时报，2016-07-25（004）．

［20］冯俏彬．我国经济高质量发展的五大特征与五大途径［J］．中国党政干部论坛，2018（1）：59-61.

［21］符平，唐有财．倒“U”型轨迹与新生代农民工的社会流动——新生代农民工的流动史研究［J］．浙江社会科学，2009（12）：41-47，126.

［22］高培勇，杜创，刘霞辉，袁富华，汤铎铎．高质量发展背景下的现代化经济体系建设：一个逻辑框架［J］．经济研究，2019，54（4）：4-17.

［23］高嫄．新生代农民工市民化问题研究［D］．华中师范大学，2016.

［24］古桂琴．转型时期新型农业经营主体发展研究［J］．许昌学院学报，2019，38（3）：130-133.

［25］郭熙保，苏甫．速水佑次郎对农业与发展经济学的贡献［J］．经济学动态，2013（3）：101-108.

［26］韩长赋．大力推进农业绿色发展［J］．农村实用技术，2018（3）：12-13.

［27］韩长赋．大力推进质量兴农绿色兴农加快实现农业高质量发展［N］．农民日报，2018-02-27（001）.

［28］韩长赋．积极推进小农户和现代农业发展有机衔接［J］．农业工程技术，2018，38（3）：8-10.

［29］何惠亭．新生代农民工就业流动轨迹及其政策研究［D］．华东理工大学，2015.

［30］何劲，熊学萍，祁春节．新型农业经营体系与现代农业发展的关联效应研究——以湖北省为例［J］．农业现代化研究，2019，40（3）：395-402.

［31］何维英，覃兵．乡村振兴背景下返乡农民工创业培训的问题审视与路径构建［J］．机械职业教育，2019（7）：1-4，42.

［32］侯洁．协同治理视角下新生代农民工市民化问题研究［D］．华中师范大学，2014.

［33］胡建兵．"高质量发展指标体系"亟待建立［N］．贵州日报，2018-12-11（004）.

［34］胡琴，何蒲明．基于农业供给侧改革的绿色农业发展问题研究［J］．农业经济，2018（2）：45-47.

［35］黄季焜．新时期的中国农业发展：机遇、挑战和战略选择［J］．中国科学院院刊，2013（3）：295-300.

［36］姜长云．促进小农户和现代农业发展有机衔接是篇大文章［J］．中国发展观察，2018（z1）.

［37］焦国栋．中国经济发展路径由高速增长向高质量发展转变［J］．农村·农业·农民（A版），2017（11）：15.

［38］金碚．关于"高质量发展"的经济学研究［J］．中国工业经济，2018（4）：5-18.

[39] 孔微巍，廉永生，张敬信．我国劳动力就业质量测度与地区差异分析——基于各省市 2005—2014 年面板数据的实证分析 [J]．哈尔滨商业大学学报（社会科学版），2017（6）：3-15.

[40] 孔祥智．农业政策学 [M]．北京：高等教育出版社，2014.

[41] 李含琳，李楠．构建“农业三大体系”是实施乡村振兴战略的关键 [J]．甘肃农业，2018（2）：21-23.

[42] 李含琳．我国不同区域现代农业三大体系构建战略探讨 [J]．甘肃理论学刊，2018（3）：5-11.

[43] 李辉．我国高质量发展中产品质量的内涵、评价及提升路径 [J]．黑龙江社会科学，2018（4）：37-41.

[44] 李建兴．乡村变革与乡贤治理的回归 [J]．浙江社会科学，2015（7）：82-87.

[45] 李金昌，史龙梅，徐蔼婷．高质量发展评价指标体系探讨 [J]．统计研究，2019，36（1）：4-14.

[46] 李晓峰，徐玖平．企业技术创新的风险管理研究 [J]．经济体制改革，2008（3）：72 76.

[47] 李晓红．新生代农民工就业能力提升问题研究 [J]．河南理工大学学报（社会科学版），2009，10（4）：588-593.

[48] 李兆辰，袁富华．“现代化经济体系”研究新进展及展望 [J]．北京工业大学学报（社会科学版），2019，19（4）：70-76.

[49] 梁军．“供给侧”改革中的农民工 [N]．光明日报，2016-04-20（015）.

[50] 刘飞翔，潘国亮，占纪文等．省域农业竞争力测度模型构建与综合评价 [J]．农林经济管理学报，2009，8（1）：43-47.

[51] 刘丽辉．现阶段广东农业产业结构调整方向研究——基于改革开放以来的演变及动因分析 [J]．广东农业科学，2014，41（5）：32-37.

[52] 刘奇．大中国　大农业　大战略——关于中国品牌农业建设的思考 [J]．世界农业，2015（2）：196-202.

［53］刘瑞娜．中国经济高质量发展问题研究［J］．河南工业大学学报（社会科学版），2019，15（3）：33-39，89.

［54］刘艳涛．加快品牌强农推进农业高质量发展［N］．农民日报，2018-07-11（005）.

［55］刘燕妮，任保平，高鹏．中国农业发展方式的评价［J］．经济理论与经济管理，2012（3）：100-107.

［56］刘迎军．聚焦产业兴旺构建现代农业“三大体系”［N］．各界导报，2018-08-08（003）.

［57］刘渝琳，许新哲．我国中等收入群体的界定标准与测度［J］．统计研究，2017，34（11）：79-85.

［58］刘媛媛．中国农业产业结构调整历程及效果研究［J］．农村经济与科技，2016，27（24）：71-72，85.

［59］刘志彪．理解高质量发展：基本特征、支撑要素与当前重点问题［J］．学术月刊，2018，50（7）：39-45，59.

［60］柳卸林，高雨辰，丁雪辰．寻找创新驱动发展的新理论思维——基于新熊彼特增长理论的思考［J］．管理世界，2017（12）：8-19.

［61］陆福兴．现代化改造：乡村振兴进程中小农户发展的方向［J］．浙江学刊，2019（3）：30-35.

［62］陆福兴．小农户社会化的依托是新型农业经营主体［J］．农村经营管理，2019（6）：47.

［63］马克星，李珺．创新投入对农业企业绩效的影响——基于A股农业上市公司的实证检验［J］．科技管理研究，2019，39（12）：110-116.

［64］马茹，罗晖，王宏伟，王铁成．中国区域经济高质量发展评价指标体系及测度研究［J］．中国软科学，2019（7）：60-67.

［65］梅学书，高洁，黄璨，赵清强．以供给侧结构性改革为抓手促进湖北农业再上新台阶［J］．决策与信息，2018（7）：10-26.

［66］孟宪生，关凤利．市民化视角下统筹推进新生代农民工就业转型研究［J］．管理现代化，2011（6）：44-46.

[67] 孟祥兰，邢茂源．供给侧改革背景下湖北高质量发展综合评价研究——基于加权因子分析法的实证研究［J］．数理统计与管理，2019（384）：675-687.

[68] 穆月英．多举措推进现代农业“三大体系”加快完善［J］．国家治理，2019（2）：23-27.

[69] 牛震．农业品牌化战略如何发力——对话农业部市场与经济信息司司长唐珂［J］．农村工作通讯，2017（9）：30-32.

[70] 秦德智，邵慧敏．我国农业产业结构调整动因分析——基于扩展的柯布—道格拉斯生产函数［J］．农村经济，2016（5）：59-63.

[71] 秦薇．万忠，刘伟．农业供给侧结构性改革背景下的品牌农业发展研究［J］．南方农业，2018，12（2）：88-89.

[72] 任保平，何苗．十九大以来关于我国经济高质量发展若干研究观点的述评［J］．渭南师范学院学报，2019，34（9）：25-33.

[73] 任保平．我国高质量发展的目标要求和重点［J］．红旗文稿，2018，384（24）：22-24.

[74] 任保平．新时代高质量发展的政治经济学理论逻辑及其现实性［J］．人文杂志，2018（2）：26-34.

[75] 任萱．城镇化进程中新生代农民工市民化问题研究［D］．山东理工大学，2014.

[76] 阮文彪．小农户和现代农业发展有机衔接——经验证据、突出矛盾与路径选择［J］．中国农村观察，2019（1）：15-32.

[77] 邵彦敏．新发展理念：高质量发展的战略引领［J］．国家治理，2018（5）：11-17.

[78] 盛朝迅．理解高质量发展的五个维度［N］．经济日报，2018-04-27（014）.

[79] 师博，张冰瑶．新时代、新动能、新经济——当前中国经济高质量发展解析［J］．上海经济研究，2018（5）：25-33.

[80] 史晋川．论经济发展方式及其转变——理论、历史、现实［J］．浙

江社会科学，2010（4）：12-18.

［81］史向军，李洁. 新生代农民工发展与保障问题研究［J］. 山东社会科学，2018（1）：183-187.

［82］舒全峰，王亚华. 我国农业技术创新扩散研究评述［J］. 中国农业科技导报，2018，20（2）：1-9.

［83］宋瑞礼. 高质量发展绩效评价体系研究［N］. 经济日报，2018-07-26（014）.

［84］苏毅清，游玉婷，王志刚. 农村一二三产业融合发展：理论探讨、现状分析与对策建议［J］. 中国软科学，2016（8）：19-20.

［85］孙能利. 提升区域农业竞争力的途径：比较优势向竞争优势转化［J］. 安徽农业科学，2012（5）：3138-3139.

［86］孙正东. 现代农业产业化联合体运营效益分析——一个经验框架与实证［J］. 华东经济管理，2015，29（5）：108-112.

［87］田秋生. 高质量发展的理论内涵和实践要求［J］. 山东大学学报（哲学社会科学版），2018（6）：1-8.

［88］万宝瑞. 加快提高我国农业竞争力的思考［J］. 农业经济问题，2016（4）：4-8.

［89］万俊毅，曾丽军，周文良. 乡村振兴与现代农业产业发展的理论与实践探索——“乡村振兴与现代农业产业体系构建”学术研讨会综述［J］. 中国农村经济，2018（3）：138-144.

［90］王飞，石祖梁，王久臣，宋成军，党钾涛. 生态文明建设视角下推进农业绿色发展的思考［J］. 中国农业资源与区划，2018，39（8）：17-22.

［91］王红梅. 发展品牌农业 助推质量兴农［J］. 河北农业，2019（1）：51-53.

［92］王凯，高美玲. 新时代农业产业化联合体发展研究［J］. 乡村科技，2018（36）：29-30.

［93］王伶. 湖北省区域农业竞争力的因子—聚类分析——基于湖北省17市（州、区）的样本数据［J］. 湖北社会科学，2015（11）：72-76.

[94] 王茂祥，吴伟伟，李群．农业企业技术创新特点及创新能力提升路径分析［J］．粮食科技与经济，2018，43（6）：21–23.

[95] 王培华．供给侧结构性改革背景下新生代农民工职业规划问题研究［J］．武汉商学院学报，2016，30（6）：75–78.

[96] 王文龙．地区差异、代际更替与中国农业经营主体发展战略选择［J］．经济学家，2019（2）：82–89.

[97] 王雅鹏，吕明，范俊楠，文清．我国现代农业科技创新体系构建：特征、现实困境与优化路径［J］．农业现代化研究，2015，36（2）：161–167.

[98] 王一鸣．大力推动我国经济高质量发展［J］．人民论坛，2018（9）：32–34.

[99] 王一鸣．高质量发展十策［J］．政策，2018（4）：43–44.

[100] 王一鸣．推动经济高质量发展要坚持问题导向［J］．智慧中国，2018（9）：32–34.

[101] 吴建寨，杨海成，李斐，孔繁涛．发达国家农业科技创新体系及其经验借鉴［J］．世界农业，2016（9）：157–161，199.

[102] 吴林海．我国农业科技创新供给的影响因素及对策探讨［J］．上海经济研究，2009（1）：30–35.

[103] 吴晓艳．以绿色思维推进农业现代化［J］．人民论坛，2018（17）：70–71.

[104] 吴艳文，李蓓蓓．高质量发展背景下农民工回流问题探析［J］．理论导刊，2019（3）：59–63，71.

[105] 相征，赵鑫．农民工市民化与产业结构升级的互动关系研究［J］．社会科学辑刊，2014（2）：122–125.

[106] 向明生，桂富荣，普雁翔．基于品牌战略导向的农业供给侧结构性改革路径研究［J］．改革与战略，2018，34（1）：79–82.

[107] 肖伏清．不忘初心　牢记使命　推动湖北农业农村高质量发展［N］．农民日报，2019–07–20（003）.

[108] 辛岭，安晓宁．我国农业高质量发展评价体系构建与测度分析

[J]. 经济纵横，2019（5）：109-118.

[109] 徐亚东. 结构调整在农业经济增长中的贡献测算及未来调整方向[J]. 农业经济，2019（4）：12-14.

[110] 许思雨，薛鹏. 中国经济高质量发展的内涵与评判：一个文献综述[J]. 商业经济，2019（5）：132-134.

[111] 杨光. 我国首个农业绿色发展绿皮书发布六大领域取得重大进展[J]. 农药市场信息，2019（8）：12.

[112] 杨学利，张少杰，古安伟. 农业科技创新信息服务体系构建研究[J]. 情报科学，2010，28（10）：1501-1504.

[113] 姚爱萍. 中国省域农业竞争力测度及分析——指标体系构建及其相关关系研究 [J]. 农村经济，2017（6）：69-75.

[114] 游士兵，肖加元. 农业竞争力的测度方法与实证分析 [J]. 中州学刊，2004（5）：54-56.

[115] 于法稳. 习近平绿色发展新思想与农业的绿色转型发展 [J]. 中国农村观察，2016（5）：2-9，94.

[116] 员金松. 城乡一体化建设中新生代农民工市民化问题研究 [J]. 河南科技学院学报，2013（11）：7-10.

[117] 袁璋. 我国中部地区农业产业结构演进及调整优化方向研究 [M]. 北京：中国农业科学院，2006.

[118] 翟金良. 中国农业科技成果转化的特点、存在的问题与发展对策[J]. 中国科学院院刊，2015，30（3）：378-385.

[119] 张彩霞，杨潇. 区域农业绿色发展水平评价指标体系研究 [J]. 统计与管理，2018（5）：126-128.

[120] 张春玲，刘秋玲. 乡村振兴战略背景下农业高质量发展评价及路径研究 [J]. 经济论坛，2019（4）：141-146.

[121] 张红宇. 新型农业经营主体与农业供给侧结构性改革 [J]. 中国农民合作社，2016（6）：9-10.

[122] 张宏如，刘艳，彭伟. 心理资本对创业精神的影响——基于新生代

农民工的实证分析［J］. 中国科技论坛，2018（5）：151-157.

［123］张军扩，侯永志，刘培林，何建武，卓贤．高质量发展的目标要求和战略路径［J］. 管理世界，2019（7）：1-7.

［124］张乃明，张丽，赵宏，韩云昌，段永蕙．农业绿色发展评价指标体系的构建与应用［J］. 生态经济，2018，34（11）：21-24，46.

［125］张琪．基于SPSS的湖北各市州规模化农业功能倾向分析［J］. 南方农机，2018，49（7）：20-21.

［126］张天佐．四个方面促进农村一二三产业融合发展［J］. 江苏农村经济，2016（3）：67.

［127］张为付，张晓磊．在产业良性互动中实现经济发展高质量［J］. 群众，2018（4）：26-28.

［128］张新美．论绿色发展理念与农业现代化［J］. 农业经济，2019（6）：26-27.

［129］张新文，高啸．农业经营主体的类型比较、效益分析与进路选择［J］. 现代经济探讨，2019（3）：101-107.

［130］张玉香．牢牢把握以品牌化助力现代农业的重要战略机遇期［J］. 农业经济问题，2014，35（5）：4-7.

［131］张智．农业高质量发展水平测度研究［A］//中国统计教育学会. 2018年（第六届）全国统计建模大赛论文集［C］. 中国统计教育学会，2018：25.

［132］赵丹桂．我国农业绿色发展的转型升级研究［J］. 农业经济，2018（11）：23-24.

［133］赵海．论农村一二三产业融合发展［J］. 农村经营管理，2015（7）：26-29.

［134］赵华林．高质量发展的关键：创新驱动、绿色发展和民生福祉［J］. 中国环境管理，2018，10（4）：5-9.

［135］郑康，郑月波．农业科技创新型人才激励机制构建研究［J］. 农业经济，2019（3）：113-114.

［136］郑媛榕．农村一二三产业融合的识别问题及政策应用研究［J］．中共福建省委党校学报，2017（9）．

［137］钟春洋，庄惠明．论经济发展方式转变的历史演进与性质［J］．科学经济社会，2009，27（1）：37-42.

［138］钟钰．向高质量发展阶段迈进的农业发展导向［J］．中州学刊，2018（5）：40-44.

［139］周宏春．乡村振兴背景下的农业农村绿色发展［J］．环境保护，2018，46（7）：16-20.

［140］周艳丽．乡村振兴战略下农业产业化联合体的培育发展研究［J］．农业经济，2019（4）：27-28.